amores proibidos

Meu amor é um

MITO

Organizado por

Eric Novello

Janaina Chervezan

1ª edição

Editora Draco

São Paulo

2012

Publisher: Erick Santos Cardoso
Produção editorial: Janaina Chervezan
Organização: Eric Novello, Janaina Chervezan
Revisão: Ericksama
Capa: Ericksama, Amanda Reznor (foto)

Dados Internacionais de Catalogação na Publicação (CIP)
Ana Lúcia Merege 4667/CRB7

Meu amor é um mito / organizado por Eric
Novello, Janaina Chervezan. – São Paulo : Draco, 2012. –
(Amores proibidos; 3)

Vários autores.
ISBN 978-85-62942-26-6

1. Contos brasileiros
I. Novello, Eric. II. Chervezan, Janaina. III. Série.

CDD-869.93

Índices para catálogo sistemático:
1. Contos : Literatura brasileira 869.93

1ª edição, 2012

Editora Draco
R. José Cerqueira Bastos, 298
Jd. Esther Yolanda - São Paulo - SP
CEP 05373-090
editoradraco@gmail.com
www.editoradraco.com
www.facebook.com/editoradraco
twitter: @editoradraco

Sumário

O mito do amor, ou O amor do mito

por Ana Cristina Rodrigues

A Humanidade sempre precisou de uma boa explicação para a vida que acontece ao seu redor. Agora é fácil, pois temos todos os avanços da tecnologia a dispor. Uma pronta-entrega de soluções, que resolve todos os nossos problemas – ao mesmo tempo em que cria outros, ainda piores.

Mas antigamente, quando o mundo era tão diferente que parecia outro, as únicas respostas que tínhamos eram dadas por nossos sentidos e nossa imaginação. Nossos ancestrais ouviam, olhavam, sentiam e depois imaginavam respostas para toda aquela gigantesca onda de sensações. O trovão, o fogo, a morte e o nascimento eram fenômenos que precisavam ser explicados por forças muito maiores que nossa pequeneza.

Assim nasceram os deuses. E com eles, surgiram genealogias complicadas e histórias épicas. Batalhas e guerras eram travadas e nós, mortais, só conhecíamos os ecos dessas lutas sangrentas. Titãs enfrentaram os Olimpianos, os Aesires foram inimigos dos Vanires e a tribo de Danna derrotou os Fomorianos.

Só que nem todas essas histórias eram de guerras e conflitos e nem sempre os deuses conviviam só entre si.

A verdade é que nossos ancestrais se apaixonaram por suas próprias criações e foram vítimas de um encantamento coletivo, de uma fascinação que os faziam levantar os olhos para o céu (ou olhar para colinas ocas, ou encarar enormes cavernas que se afundavam no solo) e suspirar. Os deuses criados retribuíram essa paixão, e os frutos desses amores foram mais e mais histórias, além de, claro, semideuses, tão fascinantes e poderosos quanto seus genitores divinos.

Hoje, milhares de anos depois, já não entendemos o mundo tão diretamente. Aliás, mal e mal convivemos com a Natureza. Em época de ar condicionado central e aquecedores portáteis, Inverno e Verão são apenas uma questão da máquina certa, não mais a visita da jovem Perséfone a uma devastada Deméter. Guerras são combatidas a distância, inimigos mal se veem, deixando de lado qualquer face da Morrigan. E florestas são tão raras que eu não ficaria admirada se Yggdrasil já tiver sido cortada sem sabermos.

E mesmo assim, ainda somos fascinados pelas velhas histórias. Queremos saber como Prometeu roubou o Fogo, como Brighid casou-se com um fomoriano e o que aconteceu com filho de Odin e da gigante do gelo. Eles estão nos RPGs, videogames, quadrinhos, desenhos animados... e nos livros. E mais do que querer saber sobre eles, ainda queremos nos apaixonar, como nas velhas histórias contadas tantas vezes nas noites frias do Inverno antes da calefação.

Nesse volume que você agora tem em mãos, os organizadores reuniram nove autoras tão apaixonadas pelos antigos senhores de nossos destinos que se dispuseram a criar novos amores para eles. Um passeio pelas três principais mitologias da Europa – a céltica, a nórdica e a greco-romana – e seus apaixonantes mitos. Nessa mistura, como em uma boa mitologia, há espaço para o romance, mas também para a aventura, o drama e a comédia.

Roberta Spindler convoca a Irlanda antiga de volta à vida ao falar da mancha que envolve o *Sangue de Cuchulainn*. Com Kássia Monteiro, descobrimos que mesmo para os Imortais é possível haver *Amor nos tempos da artrose*. Uma nova visita à uma ilha mágica em um momento *Brevemente eterno* é o que nos reserva o texto de Jaqueline de Marco. Vamos escutar a *Harmonia* de uma canção de liberdade e amor junto com Mayra Bueno e Ana Lúcia Merege nos traz a emoção de um jogo em que uma mortal e um deus são *Parceiros no crime*. Adrianna Alberti mostra que até as deusas mais sombrias podem causar um amor como o de *Rofia, o devoto*. Esse tipo de amor, que faz nascer algo tão contraditório como os *Risos no cemitério* que a Bárbara Morais relata. Ou que obriga a pessoa a declarar "*Meu amor é um fenrir*", como na história de

Andréia Kennen. No fundo, são todas histórias de *Reencontro*, inclusive a que Lívia Martins nos conta.

Afinal, todas nos fazem reencontrar um amor ancestral pelo divino e imortal, por aqueles seres fascinantes que moram tão longe e ao mesmo tempo se fazem presentes pela força dos seus poderes. No fundo, todos amamos um mito.

Escolha o seu e apaixone-se!

Ana Cristina Rodrigues
Niterói, 3 de novembro de 2012

Meu amor é um MITO

Sangue de Cuchulainn

Roberta Spindler

Na primeira vez que se encontraram, ele não estava em sua forma humana.

Aconteceu em um tarde de verão, quando a jovem Anne foi ao bosque colher raízes e sementes. Bem à vontade, ela assoviava uma de suas canções preferidas enquanto caminhava por entre as árvores de caule escuro. Sempre se sentia bem na mata. O cheiro da grama alta e o barulho dos pássaros traziam uma sensação de paz que não encontrava em nenhum outro lugar.

Estava em uma clareira quando finalmente notou que alguém a seguia. Virou-se devagar, esperando encontrar um de seus irmãos, mas acabou se deparando com um lobo negro. Surpresa, deixou cair a cesta com sementes e deu um passo para trás. A fera à sua frente era muito grande e seus olhos faiscantes mudavam de cor a todo o momento.

Assim que notou que fora descoberto, o lobo estancou e se sentou na grama. Chorando baixinho, lambeu a pata dianteira. Por um instante, Anne pensou em sair correndo. Entretanto, acabou mudando de ideia ao notar o sangue e o espinho cravado entre as garras do animal. Não soube explicar muito bem de onde surgiu aquele impulso, mas, depois de fitá-lo mais uma vez, teve certeza de que ele estava pedindo sua ajuda.

Aproximou-se com o coração aos pulos. Apesar de frequentar o bosque desde a infância, nunca havia se encontrado com nada mais perigoso do que um coelho. A cada passo que dava, temia que a fera se irritasse e fosse abocanhá-la. Entretanto, para seu alívio, nada aconteceu. Conseguiu chegar tão perto que pôde sentir a respiração quente que saía de seu focinho comprido. Observou-o com um misto de curiosidade e espanto. Ele tinha uma pelagem magnífica, tão negra que brilhava com a luz do sol, mas o que mais a encantava eram os olhos coloridos.

Com cautela, Anne ergueu a mão e fez um breve carinho na cabeça triangular. O lobo pareceu derreter diante de seu toque e soltou um murmúrio de satisfação. Diante daquela reação, a garota se sentiu mais confiante e voltou sua atenção para a pata ferida. De perto, o machucado parecia bem mais estranho. O que ela achava ser um espinho, na verdade se mostrou mais parecido com uma arma. Tratava-se de uma afiada peça de bronze com uma pedra de cor vermelha no topo. Como estava cravada bem fundo na pata do animal, Anne teve que fazer bastante força para retirá-la. Um ganido agonizante tomou conta da clareira e só parou quando a garota concluiu o seu trabalho.

— Pronto, está terminado — ela disse com a voz trêmula.

Foi surpreendida com uma lambida calorosa no rosto e sorriu aliviada. Podia deixá-lo partir daquele jeito, mas percebeu que ele ainda sangrava um pouco. Sem pensar duas vezes, rasgou um pedaço da saia e o amarrou sobre a ferida. Quando terminou, acariciou o lobo e coçou sua barriga como se ele fosse um dos cães de seu pai.

— Agora você está livre — disse amavelmente. — Não se meta em confusões.

O lobo abanou a cauda e saiu correndo para a mata. Anne o observou até que sumisse no meio das árvores. Em seguida, sorriu satisfeita e foi apanhar sua cesta caída. Tinha certeza de que ninguém na aldeia iria acreditar na sua história e que seus irmãos iriam mais uma vez alegar que estava sonhando acordada.

Na segunda vez que se encontraram, ela estava às portas da morte.

Alguns dias após ter ajudado o lobo negro, uma terrível doença a assaltou. Tomada por uma fraqueza e com o corpo ardendo em febre, caiu de cama e piorou rapidamente. Não sentia fome e mal conseguia dormir. Sempre que fechava os olhos, pesadelos horripilantes invadiam seus sonhos e a despertavam em meio a gritos de terror.

Os curandeiros da vila estavam perplexos, nunca tinham visto doença tão avassaladora. Em menos de uma semana, a jovem de aspecto saudável tinha se transformado em um verdadeiro esqueleto. As ervas não conseguiam baixar sua temperatura e os pesadelos ficavam cada vez piores.

Em um dos raros momentos de lucidez, ela conseguiu se despedir dos pais e irmãos. Resignada com seu destino, pediu que sua família não guardasse rancor. Em meio a lágrimas, todos disseram suas últimas palavras e se retiraram. Sozinha e de olhos fechados, Anne se preparou para o toque frio da morte. Entretanto, a mão que acabou acariciando seu rosto estava repleta de calor.

Com um grande esforço, ela conseguiu mover as pálpebras e abrir os olhos. Avistou, ajoelhado ao seu lado, um homem jovem com feições finas e cabelos negros. Desconfiada, franziu o cenho. Tinha quase certeza de que se tratava de um forasteiro.

— Não precisa ter medo — ele sorriu e afagou seu rosto mais uma vez. — Afinal, nós já nos conhecemos.

Anne quase parou de respirar quando notou que os olhos do estranho não paravam de mudar de cor. Amarelo, azul, verde, violeta... Ela perdeu a conta de quantas cores reconheceu.

— Você me ajudou na floresta e agora é minha vez de retribuir.

Ele retirou das vestes um pedaço de pano sujo e ensanguentado, mas que Anne não demorou a reconhecer como a barra rasgada de seu vestido. Aquela revelação foi tão impressionante que a garota pensou que seu corpo não iria resistir. Revirou os olhos, quase a ponto de desmaiar, mas voltou à realidade quando o jovem misterioso segurou sua mão.

— Seja forte — sua voz era grossa e calorosa. — Eu vou te curar.

Dois dias depois, ela acordou se sentindo melhor, seu apetite voltou e a febre não a debilitava. As pessoas da aldeia acreditaram em um milagre dos deuses e uma festa de agradecimento foi arranjada. Anne ainda tentou explicar sobre o jovem que apareceu em seus aposentos, mas ninguém lhe deu ouvidos. Não tinham visto jovem algum, aquilo devia ter sido mais uma alucinação causada pela doença. A garota, porém, tinha uma prova de que não estava delirando. Quando abriu os olhos para a vida, trazia preso em suas mãos um pedaço de pano bastante encardido. Um lembrete de que um lobo nunca se esquece de quem o ajuda.

No terceiro encontro, ambos estavam encharcados.

A festa de agradecimento aos deuses acabou sendo interrompida por uma forte tempestade. Os músicos pararam de tocar e os dançarinos correram para se abrigar das fortes rajadas. Anne, que não estava muito feliz com toda aquela comoção diante de sua cura, foi a única que continuou na chuva. Suspirou com tristeza e se afastou da aldeia. Caminhou até a entrada do bosque e ficou observando a mata se mover com a força do vento. Durante muitos dias, tinha se questionado se deveria ir procurar o homem-lobo. É claro que queria encontrá-lo para expressar sua gratidão, mas ao mesmo tempo sentia medo. Não tinha mais dúvidas de que o estranho de olhos coloridos lidava com algum tipo de magia e isto a deixava insegura. Os anciões sempre diziam que se envolver com um ser mágico era muito perigoso e só trazia desgraças.

A chuva aumentou e a força do vento começou a machucar. Anne já estava dando meia volta para retornar à aldeia quando notou uma movimentação nas folhagens. Sentiu seu coração acelerar quando o homem que dominava seus pensamentos apareceu bem diante de seus olhos. Ele sorriu ao avistá-la e se aproximou devagar. Suas roupas repletas de bordados coloridos estavam encharcadas, mas ainda mantinham certa beleza.

— Perdi a festa? — perguntou após cumprimentá-la com um aceno polido. Cruzou os braços, deixando à mostra as tatuagens que cobriam quase todo seu antebraço esquerdo. Havia vários símbolos gravados com tinta negra, espirais, nós e uma bela cruz.

Anne não conseguiu formular uma resposta. Agora que ele estava ali, em carne e osso, ela não sabia como deveria agir. As palavras de gratidão sumiram e tudo o que conseguia fazer era observar as marcas gravadas em sua pele.

— Vejo que já está recuperada. Fico aliviado — ele continuou a conversa, ignorando por completo a hesitação estampada no rosto dela. — Afinal, eu não queria de jeito nenhum ser o responsável por sua morte.

Aquela última frase a fez despertar de seu estado de letargia. O medo ainda estava presente, mas não vencia a curiosidade.

— O quer dizer? — ergueu uma das sobrancelhas, intrigada.

Um raio cortou o céu e logo depois o som do trovão ecoou pelo bosque. O homem-lobo a encarou com olhos objetivos.

— A agulha que você retirou da minha pata era encantada. Além de me causar muita dor, ela me impedia de reassumir minha forma humana. Eu estava condenado a vagar para sempre como um lobo, uma fera selvagem que ninguém pensaria em ajudar, até encontrar você.

O vento soprou mais forte e Anne sentiu o corpo estremecer. Para conter o nervosismo, entrelaçou as mãos e continuou ouvindo o relato.

— Escondido na mata, eu a observei durante muitos dias. Notei como se sentia à vontade neste bosque e que não tinha medo. Meu coração se alegrou, pois percebi que finalmente poderia ter encontrado alguém que conseguiria me libertar da maldição — ele sorriu e seus olhos brilharam. — Felizmente, não me enganei. Você me salvou e ainda me tratou com carinho. Nunca encontrei alguém com coração tão generoso.

Diante daquele elogio, Anne sentiu sua face corar. Baixou os olhos um pouco desconcertada.

— Como fiquei doente? — perguntou, querendo chegar logo ao assunto principal.

— Foi um descuido meu. Fiquei tão feliz em estar livre da maldição que me esqueci de que meus inimigos não iriam me deixar escapar tão facilmente. Quando finalmente me dei conta do perigo, você já estava enferma. Quase não cheguei a tempo... — de repente, seu rosto tão jovial foi encoberto por uma sombra de tristeza. — Sinto muito por todo o mal que acabei lhe causando.

Reunindo toda a coragem que possuía, a jovem se aproximou e tomou as mãos dele nas suas. Apesar da chuva e do vento, sentiu-o quente. Será que aquilo era um efeito da magia que o envolvia?

— Não se desculpe. Você voltou e me salvou, isso já foi o suficiente. — Ela desviou o olhar por um breve instante, receosa em continuar. — Não sei que espécie de ser mágico você é, mas acredito que não seja maligno. Não pretendo mais ter medo.

Ele sorriu depois daquele último comentário e não a deixou continuar.

— Espere. Você entendeu errado. Eu não sou um ser mágico — parecia se divertir com a confusão da garota. — Sou humano como você. Sou um druida.

O quarto e o quinto encontro aconteceram em noites de lua cheia.

Depois de conversarem bastante durante o temporal, decidiram que iriam se ver novamente. Anne estava muito curiosa com o fato de encontrar um druida jovem. Os druidas que visitavam a aldeia eram tão velhos que mal conseguiam caminhar sem a ajuda de uma bengala, então ela presumiu que todos fossem daquele jeito. Foi uma surpresa agradável descobrir que Finn, esse era o nome do homem-lobo, também fazia parte daquele grupo de sábios.

Na segunda noite de lua cheia depois do aparecimento de Aldebaran, que marcava o início do período quente do ano, a garota deixou a aldeia na surdina e mais uma vez foi até o bosque. Não demorou a avistar um lobo sentado logo na linha das primeiras árvores. Ele abanou o rabo quando a viu e entrou na mata.

Mesmo já tendo feito aquele caminho, Anne ainda se sentia um pouco incomodada de entrar no bosque durante a noite. Sabia que Finn iria protegê-la, mas a escuridão e os barulhos dos animais continuavam assustadores. Em uma marcha rápida, seguiu seu amigo lobo até a clareira do primeiro encontro. Lá, uma pequena fogueira já acesa os esperava.

Anne não demorou a se aproximar do fogo, as chamas acalmavam seus nervos. Viu o lobo se afastar um pouco mais, para onde suas roupas estavam escondidas. Ele soltou alguns gemidos enquanto voltava à forma humana e demorou um pouco para se vestir. Quando apareceu sob a luz, tinha só as pernas cobertas. Pela primeira vez, Anne viu a tatuagem que cobria o lado direito de seu tórax.

— Espero que não se incomode. A noite está bem quente.

Mesmo constrangida, Anne anuiu e deixou que ele se sentasse ao seu lado.

— E então, ainda tem mais perguntas? — ele brincou. Estava claramente se referindo à noite anterior, na qual ficara quase até o raiar do sol respondendo as milhares de dúvidas que importunavam a mente inquieta de Anne. — Ou será que eu já posso tentar descobrir alguma coisa sobre a sua vida?

— Aposto que um druida como você acharia meu dia-a-dia na aldeia muito entediante — ela disse um tanto sem graça.

Finn percebeu que a garota estava envergonhada e acabou sorrindo. Anne se sentiu meio tola ao constatar que ele tinha um sorriso radiante.

— Você iria se surpreender com o quanto eu acho sua aldeia fascinante — ele deitou na relva e descansou a cabeça na palma da mão. — Vamos, eu gostaria muito de saber o que você faz quando não está procurando sementes neste bosque e ajudando lobos feridos.

Anne sorriu e se motivou. Partilhar um pouco de sua vida com Finn já não parecia tão constrangedor. Conhecia o druida fazia pouco tempo, mas a cada encontro ficava mais à vontade na sua presença. Era inesperado, mas aquele homem-lobo estava se transformando no seu melhor amigo.

Ela decidiu apresentá-lo à aldeia no décimo encontro.

Depois de vários e insistentes pedidos, conseguiu convencer Finn a visitar seus familiares e amigos. Enquanto se deixava guiar rumo ao povoado, ele explicou o motivo de sua hesitação. Havia passado vinte anos aprendendo os ensinamentos druídicos com seu mestre e por isso não estava acostumado a lidar com muitas pessoas. Sentia-se nervoso diante de uma multidão e sabia que muitos iriam questionar sua pouca idade.

Um tanto surpresa por saber que Finn também tinha receios e inseguranças, Anne o confortou e garantiu que a visita seria muito proveitosa. Já fazia muito tempo desde que o último druida passara por aquela área e era fato que o povo da aldeia estava precisando de conselhos de um homem sábio.

— Aposto que eles vão querer fazer uma festa em sua homenagem — ela disse alegremente enquanto o puxava pela mão.

Finn se surpreendeu com a empolgação da amiga, mas não comentou nada. Limitou-se a desfrutar daquela caminhada e a textura da mão dela em contato com a sua.

As suposições de Anne acabaram se mostrando corretas. A chegada de um druida causou uma verdadeira comoção na aldeia. Várias crianças rodearam o visitante e o puxaram pelas vestes, tentando chamar sua atenção. Depois de ser recebido pelo líder e se apresentar formalmente, Finn foi requisitado por diversas famílias. De fato, havia muitos problemas a serem resolvidos. Anne sorriu satisfeita ao vê-lo tão atarefado, mas também se deu conta de que era a primeira vez que dividia a companhia dele com outras pessoas. Assim que formulou aquele pensamento, sentiu-se receosa. E se ele perdesse o interesse que tinha nela? E se encontrasse outra pessoa que lhe parecesse mais atraente? Estava tão perdida naqueles questionamentos que mal notou a aproximação de sua mãe.

— Anne, desde quando você conhece este druida? — A mulher observou a filha com olhos atentos. Notando o leve rubor que coloria as bochechas da jovem, teve suas suspeitas confirmadas. Suspirou e fitou o céu. — Sabe, eu sempre pensei que você escolheria alguém da vila para ser seu homem, talvez o filho do velho Tazz, mas pelo jeito me enganei.

Depois daquele comentário, o rosto de Anne ficou ainda mais vermelho. Sem saber o que responder, ela baixou os olhos e deixou que a mãe continuasse.

— Não vou questioná-la. Você é uma mulher feita e pode escolher o homem que bem desejar. — Naquele momento, Finn reapareceu depois de mais uma reunião e de longe acenou para as duas mulheres. — Entretanto, pense bem e meça as consequências de seus atos. Ao apresentá-lo a nós, você mesma disse que ele não é um homem qualquer.

No décimo primeiro encontro, ela decidiu revelar seus verdadeiros sentimentos.

Como de costume, descansavam na clareira do bosque. Deitados na relva, observavam o céu e tentavam identificar formas nas nuvens. Anne estava nervosa e mal conseguia se concentrar no que seu companheiro falava. Fitou-o com o canto dos olhos e percebeu que ele havia se calado, seus olhos tomados por tristeza.

— O que foi? Por que me olha desse jeito? — perguntou preocupada.

— Anne... — ele assumiu um tom que ela nunca ouvira antes. — Eu não posso retribuir seus sentimentos.

Aquelas poucas palavras foram suficientes para deixar a garota com lágrimas nos olhos. Nervosa, ela se sentou na relva e desviou o olhar.

— Quem disse que eu tenho algum sentimento por você? — perguntou, mantendo a voz neutra.

O druida suspirou com pesar e também se sentou. Tocou de leve no rosto dela, impedindo-a de se afastar ainda mais.

— Eu sei por que me sinto da mesma forma e tudo o que mais queria era dizer que ficarei para sempre ao seu lado. — Ela arregalou os olhos e abriu a boca para falar, mas ele não permitiu. — Entretanto, não posso enganá-la. Tenho deveres que ainda não revelei, uma missão que me foi designada quando ainda era criança e que vai consumir todos os dias de minha vida. Partirei ainda hoje e é provável que você nunca mais me veja.

Diante daquela confissão, Anne não soube o que responder. Sentia o coração palpitar com a revelação de que Finn a desejava, mas também foi invadida por uma imensa tristeza ao ouvir que aquele sentimento não poderia se concretizar. Queria gritar e pedir que ele ficasse e ignorasse seus deveres misteriosos. Entretanto, sabendo que isso de nada adiantaria, limitou-se a tentar entender os motivos que levavam seu amado a se afastar.

— Eu não compreendo — disse com a voz firme, decidida a não fraquejar na frente dele. — Que missão tão importante é essa que o obriga a renegar seus sentimentos?

Os olhos de Finn pareceram mudar de cor mais depressa enquanto ele meneava a cabeça e se preparava para começar seu relato.

Tudo começou quando, durante uma de suas muitas viagens, o grande herói Cuchulainn encontrou-se com uma guerreira chamada Aifé. Ele a derrotou em uma batalha impressionante, mas acabou poupando sua vida. Os dois se apaixonaram e tiveram uma relação curta, mas intensa. Quando partiu, Cuchulainn deixou a mulher grávida.

A orgulhosa guerreira teve um filho homem e o nomeou Connla. O garoto cresceu e tinha tudo para virar um homem tão forte quanto o pai. Entretanto, no dia em que completava cinco anos, recebeu a inesperada visita de um druida chamado Mellan.

O velho sábio comunicou a Aifé que tinha tido uma visão e que estava certo de que Connla fora o escolhido dos deuses. Curiosa, a guerreira pediu para que esta visão lhe fosse detalhada. O druida anuiu, mas exigiu que o garoto não escutasse uma palavra sobre seu futuro. Desta forma, o contrariado Connla teve que esperar do lado de fora da tenda. Quando foi convidado a entrar novamente, logo percebeu que uma sombra se instalara nas feições de sua mãe. Com a voz um tanto embargada, Aifé lhe comunicou que agora ele era pupilo de Mellan e que partiria com o velho antes que a noite chegasse.

Foi assim que o menino guerreiro Connla deixou de existir e em seu lugar surgiu Finn, o pupilo. Mellan assegurou que a troca de nomes era necessária e que alguém deveria tomar o lugar de Connla para manter as aparências.Assim foi arranjado. Mais tarde, esta sugestão se mostrou acertada, pois o falso Connla foi morto pelo próprio Cuchulainn. Finn não entendeu por que seu pai mataria o filho, mas ficou grato ao velho druida pelos conselhos que acabaram salvando sua vida. Nesta época estava com oito anos.

O treinamento de Finn durou vinte longos anos e ele foi apresentado aos mais variados ensinamentos druídicos. Quando completou vinte e cinco anos, Mellan declarou que não tinha mais nada para lhe transmitir e que era hora de marcar o encontro com o homem que planejou tudo aquilo desde o início. Meditando, Finn foi até a morada dos deuses e lá se encontrou com seu avô Lugh, o brilhante. Sem meias palavras, o poderoso deus lhe revelou que a maléfica fada Maeve havia matado Cuchulainn. Disse-lhe também que ela não iria descansar até ter destruído todos os descendentes do lendário herói e que era o destino de Finn concretizar a vingança da Tuatha de Danaan contra aquela que resolveu desrespeitá-los.

Diante de tamanha missão, o jovem Finn não soube o que responder. Limitou-se a se ajoelhar diante do avô e garantir que faria o melhor para honrar o sangue que corria em suas veias. Depois disso, foi devolvido ao mundo dos homens e iniciou a busca pela assassina de seu pai.

Visivelmente entristecido, Finn terminou seu relato revelando que foi Maeve quem o amaldiçoou e o prendeu na forma de lobo. Aquilo aconteceu no segundo encontro que teve com a fada e acabou custando a vida de seu querido mestre.

— Espero que agora você entenda por que não posso ficar ao

seu lado — ele disse com os olhos marejados. — Tenho uma dívida de sangue e preciso pagá-la. Preciso ir não apenas por meu pai ou por meu avô, mas pela memória de Mellan, que se sacrificou para que eu pudesse fugir e estar aqui com você hoje.

Emocionada com aquela incrível história, Anne anuiu com a cabeça e admitiu que entendia os motivos de seu amado. Tocou no rosto dele com carinho e não conseguiu mais se conter. Beijou-o com ardor, sentido o gosto salgado das lágrimas que escapavam de seus olhos coloridos.

— Se não posso impedi-lo de ir embora, pelo menos me dê um momento para guardar para sempre.

O último encontro aconteceu seis anos depois.

Como todos os anos anteriores, ela foi até a clareira no dia que marcou a despedida de Finn. Perdida em lembranças, sentou em um velho tronco e reviveu em sua mente as últimas horas que passou ao lado de seu homem-lobo. Não verteu nenhuma lágrima, o tempo tratou de secá-las, mas mesmo assim foi tomada pela tristeza. Tinha que admitir que a cada verão ficava mais difícil ir até ali.

Fechou os olhos e ficou ouvindo o barulho do vento. As folhas se movendo nas árvores e o cantar dos pássaros eram sons que costumavam deixá-la em paz, mas que agora só traziam angústia. Por um breve instante pensou ter ouvido um uivo distante, mas nem se deu ao trabalho de abrir os olhos. Sabia que sua mente estava lhe pregando mais uma peça.

— Sabia que ia te encontrar aqui — uma voz infantil a despertou de seu transe.

Um tanto cansada, Anne se virou para fitar o garoto que a repreendia. Ele tinha apenas cinco anos, mas era mais inteligente e voluntarioso que muitos homens da aldeia. Tinha os braços cruzados sobre o peito e a encarava com olhos reprovadores.

— Desculpe sair sem avisar — ela disse. — Você sabe que hoje é um dia especial.

O menino meneou a cabeça e se sentou ao lado de Anne.

— Quanto teremos que ficar aqui? — perguntou.

— Só mais um pouco — ela respondeu. — Estou feliz que você tenha decidido me acompanhar dessa vez.

O garoto deu de ombros e fitou a mata.

— Se eu não venho, você fica triste. — Seus olhos captaram um pequeno movimento, fazendo-o levantar. — Tem algo ali!

Os olhos de Anne seguiram a indicação do garoto e foram parar na figura de um lobo. O animal estava bastante ofegante e tinha metade do rosto necrosado. Ao avistá-lo, a mulher levou as mãos à boca e sentiu o coração acelerar. Por instinto, agarrou a criança ao seu lado e a envolveu com os braços.

O lobo se aproximou manquejando. Chegou tão perto que apenas poucos centímetros separavam seu focinho dos dois humanos. Farejou-os durante algum tempo e depois dirigiu sua atenção total ao garoto.

— Mãe! — O menino se apertou contra o corpo de Anne, assustado.

— Acalme-se Mellan, ele só está farejando.

Ao ouvir aquele nome, o animal levantou as orelhas e ficou imóvel. Olhou diretamente para Anne e ela forçou um sorriso, confirmando a pergunta silenciosa. Mais passos foram ouvidos na clareira e um velho barbudo apareceu. Apoiado numa bengala, ele se aproximou e acariciou o pelo falho do lobo.

— Olá minha senhora — fez uma breve mesura. — Sou Temma, o druida. Acredito que minha presença aqui já era esperada.

Anne concordou em silêncio e apertou o abraço que envolvia o filho.

— Pensei que tudo não passasse de um sonho — disse com tristeza. — Preferia estar certa...

Temma baixou os olhos e fitou o garoto chamado Mellan.

— É ele?

As lágrimas há muito contidas brotaram dos olhos de Anne.

— Por um instante eu pensei que esse lobo fosse Finn... — soluçou. — Pensei que tudo estivesse acabado e você não me obrigaria a ter que fazer isso.

— Eu sinto muito — Temma a fitou com tristeza. — Esse é um de meus subordinados. Como você pode ver sua aparência não é muito agradável, por isso ele prefere ficar na forma animal.

Anne suspirou e desviou os olhos para a mata. Ao seu lado, Mellan fitava o lobo com renovado interesse.

— Por favor, cuide bem dele — ela disse com tristeza e

empurrou o garoto na direção do velho druida. — Não permita que tenha o mesmo destino do pai.

Apavorado, Mellan virou-se para a mãe e perguntou o que estava acontecendo. Sem olhar para ele, Anne garantiu que tudo ficaria bem. O garoto não acreditou muito naquelas palavras e começou a resistir ao toque do druida.

— Por favor, faça-o dormir. — Os gritos eram muito mais do que a pobre mãe podia aguentar. — Por favor...

Temma atendeu ao pedido sem discutir. Fez um sinal no ar e tocou na testa do garoto, que caiu no chão de imediato. Vendo o filho desacordado, Anne chorou ainda mais.

— Tudo foi um plano, não foi? — disse com amargura. — Finn sabia que não iria derrotar Maeve, que não era poderoso o suficiente. Por isso, como garantia para manter o legado, ele me seduziu e me deu um filho. Exatamente como Cuchulainn fez com a guerreira Aifé.

O lobo soltou um uivo triste e abaixou a cabeça, talvez tentando mostrar simpatia pelo sofrimento da mulher. Temma foi mais frio e ignorou as lágrimas que ela derramava. Tomou Mellan nos braços e se afastou.

— Eu fui tão tola — Anne continuou, sua voz tomada pelo remorso. — Devia ter fugido para longe, devia ter contrariado a vontade dos deuses e dos sábios.

Temma moveu a cabeça em sinal de desaprovação e deu meia volta.

— Você ao menos sabe como Finn morreu? — perguntou com um olhar objetivo.

— Maeve assumiu a forma de uma pessoa querida para ele e o enganou, apunhalando-o pelas costas. Tem alguma ideia de que rosto a maldita fada assumiu, minha senhora? Pois eu lhe digo que estou olhando para ele agora mesmo.

Envergonhada, Anne abaixou o rosto.

— Admito que, desde o início, o plano de Finn era dar-lhe um filho. Eu mesmo sugeri que usássemos a agulha encantada de Maeve e que você fosse o alvo. Ele receou em usar o objeto que lembrava tanto a morte de Mellan, mas depois acabou concordando — o druida deu um breve suspiro. — O plano corria bem, mas algo mudou nos dias em que Finn permaneceu com você neste bosque. Algo o fez questionar sua missão, mesmo que por um breve instante. Ele veio ter comigo e me pediu para que cuidasse de sua segurança. Estava decidido a derrotar a fada sozinho e com isso poupar você de mais sofrimentos. Por isso, minha senhora, não o condene e nem se chame de tola. O que vocês viveram foi real, mesmo que tenha começado como uma mentira.

Ao final do relato, o velho se despediu e sumiu na mata. O lobo o seguiu com o rabo entre as pernas e não olhou para trás uma só vez. Sentindo-se exausta, Anne deitou na relva e fechou os olhos, sentindo a carícia do vento em seu rosto. Quando abriu os olhos novamente já era noite e a escuridão tomava conta do lugar. Não se incomodou de acender uma fogueira e logo identificou dois pontos brilhantes ao seu lado. Eles mudavam de cor a cada instante e pareciam cheios de tristeza.

— Veio pedir perdão? — ela perguntou para o nada.

Os olhos coloridos piscaram algumas vezes e ela chegou a pensar que iriam desaparecer.

Estou morto, acho que meus pedidos de desculpa não seriam suficientes. O vento falou em seu ouvido.

Anne deu um sorriso desanimado e concordou.

— É, não seriam — sentiu uma intensa fraqueza e seus olhos se fecharam novamente. — Viu nosso filho? Ele se parece tanto com você. Prometa que nada de mal acontecerá a ele.

Temma é irmão de meu mestre, não conheço ninguém mais capaz para preparar nosso garoto.

De olhos fechados, ela conseguiu visualizar o dono dos olhos coloridos, suas feições finas e uniformes e os cabelos negros desalinhados. Suspirou, tomada por uma intensa saudade.

— Quando nos encontraremos de novo?

Dessa vez, Finn demorou a responder, como se estivesse ponderando o peso de suas palavras. Ela conseguiu visualizá-lo de pé, esticando o braço tatuado em sua direção. Quando tocou na mão dele, sentiu seu corpo ser deixado para trás. Percebeu que não estava mais de olhos fechados e que a noite já não era escura, mas sim vermelha. Sorriu, sentindo o toque quente de seu amado e o abraçou.

Este é nosso último encontro. Ele disse com a voz de vento. *A partir de hoje não precisaremos nos separar nunca mais.*

Amor nos tempos da artrose

Kássia Monteiro

Divorciada, mãe de três filhos e vítima de algumas cirurgias plásticas que me deixaram com o aspecto da avó da Barbie, aos sessenta e sete anos eu já não tinha mais qualquer expectativa quanto ao amor. Estava perdida no limbo entre os bailes da terceira idade e os jogos de bingo, aos quais eu me recusava a me entregar. É quando o sutiã já não adianta mais nada e todo dia antes de dormir você se preocupa em passar o antirrugas que você percebe como a vida é... chata. Ah, me desculpem os que dizem que a maturidade é a maior bênção que alguém pode receber. De que me vale tanta experiência se não tenho fôlego para sair à noite e me divertir? Aliás, experiência e sabedoria são, na verdade, duas grandes maldições. Antes jovem e tola, como eu era antes. Era bom ser assim. O amor existia, a paz mundial era possível e minhas coxas não batiam uma na outra até sair sangue durante uma simples caminhada.

Além da solidão de todas as noites, a solidão de todos os dias também me deprimia. Às vezes os netos vinham me visitar, mas sabe como é. Criança parece que tem uma atração fatal por cristais e bibelôs, e a minha casa é cheia deles. De modo que, em vez de curtir meus netos, eu passava o tempo todo preocupada se eles não iam destruir minha decoração.

Meus filhos perceberam que eu não estava bem. Tentaram me empurrar para todos os solteirões que viam pela frente, até que minha vida começou a parecer um filme barato de Hollywood, algo como "Meus filhos querem que eu case". E então, uma noite, enquanto bebia meus martinis em frente à TV, tive uma revelação: o mundo estava louco. Todos pensavam que, para ser feliz, era necessário estar com alguém. Pois eu decidi, naquele momento, que eles estavam errados. Levantei de uma vez (o que se provou uma besteira, dada a tontura e vista escura que se seguiram por alguns segundos) e fui arrumar minhas malas. No dia seguinte, comecei uma jornada de cruzeiros ao redor do mundo, disposta a provar para os meus filhos que eu podia *sim* ser feliz sozinha, tudo financiado pela polpuda pensão que meu ex-marido pagava de má vontade.

Mal sabia eu que essa jornada me levaria à descoberta mais fascinante da minha vida – e da de qualquer pessoa que a fizesse.

Mas espere aí que não vou começar do clímax. Tudo tem um começo sem o qual fica difícil entender o final. Aliás, jamais gostei de filmes que começam assim, pela última cena. Tenho mania de me perder e acabo frustrada. Bom, mais uma de minhas frustrações não vem ao caso. Ocorre que a primeira coisa que aconteceu, é claro, foi a reação contrária e exagerada dos meus filhos. Aparentemente não era apropriado que uma mulher "da minha idade" passasse tanto tempo sozinha no oceano. Eu poderia adoecer, ter um troço e cair no mar, desenvolver escorbuto e todos os outros argumentos sem fundamento que eles conseguiram elaborar. Mas eu estava decidida. Para acalmá-los, resolvi arranjar uma amiga para me acompanhar.

Todas as minhas conhecidas estavam ocupadas demais fingindo ser boas mães e esposas, e eu já tinha desistido desse teatro havia um bom tempo. A única velha disponível para me fazer companhia era uma viúva de oitenta anos que morava no terceiro andar. Frequentadora assídua das reuniões de condomínio, supus que ela também não tivesse muito para fazer. Chamava-se Suerda. Imaginei a mim e a ela nos bronzeando em Nápoles e, embora não tenha gostado do que vi, propus a viagem. Ela aceitou. Se eu soubesse o que me esperava, teria me jogado da cobertura do prédio sem pensar duas vezes.

Tudo bem que eu fizesse o estilo velha blasé, o que não me tornava das mais queridas na Noite dos Descasados. Mas a Suerda era um magnífico exemplar de pessoa intragável. Sabe aquele tipo de gente que quanto mais se conhece menos se suporta? Tudo o que ouvi no primeiro trecho da viagem foram reclamações sobre joanetes, artrite e visão falha. Mas tudo bem. O importante era que eu estava longe da ditadura dos meus filhos e, finalmente, era livre para tomar minhas próprias decisões de novo.

A primeira semana foi só alegria. Tirando a Suerda, óbvio. Mas ela quase não saía da cabine, reclamando de dores ou com medo de pegar um resfriado. Já eu tratava de me esbaldar nos tobogãs, não perdia uma aula de hidroginástica e todo dia ia jantar bem arrumada. Cheguei até a flertar com o comandante, mas ou ele não percebeu ou deliberadamente me ignorou. Talvez eu tenha ficado um pouco bêbada demais naquela noite, é verdade, e não tenha sido muito sutil, mas e daí? Eu estava ali para ir à forra.

Logo me sagrei a velhota mais animada do navio. E os senhores solitários vinham me paquerar. Ofereciam-se para pagar jantares, compravam flores e caixas de bombom que eu aceitava de bom grado, mas sem jamais dar a menor chance para eles. Não estava interessada no dinheiro de velhos ricos, meu ex-marido já me sustentava e muito bem. Eu queria alguém com a mesma força vital que eu tinha agora, mas não um garotão. Queria alguém para conversar, que tivesse sabedoria sem ser chato, que mostrasse visão de mundo, enfim, alguém mais evoluído do que aqueles cacarecos endinheirados. E, de preferência, alguém que não precisasse de Viagra!

E foi em nossa passagem pelas ilhas gregas que conheci um coroa assim. Alto, estilo brancão bronzeado, o cara era das antigas, mas estava enxuto, do jeito que eu queria. Braços do tamanho de toras, peitoral definido. Um garotão de idade, eu diria. Tirando a enorme barba, que o fazia parecer papai Noel, o resto estava tinindo. Ele chamou minha atenção assim que eu e a Suerda desembarcamos. Cutuquei minha companheira de viagem e indiquei meu pretendido com o olhar. Ela entendeu que eu me referia a uma barraquinha de suvenires e disse: "Não quero comprar essas coisas de olho grego, é macumba europeia e Deus não gosta". Dei de ombros e continuei olhando para o cara. Deus seria uma boa definição.

Mas como nem tudo são flores, logo umazinha qualquer agarrou o braço dele e os dois seguiram para o centro da cidade. Aliás, a mulher tinha uma particularidade: estava de burca, ignorando o calor escaldante que enfrentávamos. A única coisa que dava para ver dela eram os olhos.

Eu e Suerda seguimos o mesmo caminho, como a maioria dos turistas. Passeamos pelas ruazinhas brancas, comemos bastante azeite, vimos danças típicas. Mas a todo lugar que eu ia, só prestava atenção mesmo era naquele coroa. Estava parecendo uma adolescente retardada, não uma mulher da minha idade. Eu queria falar com aquele cara, ele parecia tão simpático... E, de tanto que eu olhei, ele acabou percebendo. Então aconteceu aquele momento estranho em que você cruza olhares com um desconhecido que vinha observando e olha imediatamente para o horizonte com a cara mais lavada possível.

Passei algum tempo fingindo prestar atenção à conversa da Suerda sobre o doutor Carlos Antônio, cardiologista de seu falecido marido, que era, pelo visto, um doutor muito atencioso e responsável. Mas não resisti à curiosidade e encarei o homem mais uma vez, só para ver se ele estava me olhando ainda. E estava. Disfarçadamente, é claro, senão a mulher da burca poderia achar ruim. Mas eu senti que ele também estava interessado em conversar comigo. Cutuquei a Suerda que, alheia a tudo, ainda continuava em sua animada narrativa sobre cateterismo e coronárias.

– O que você acha daquele cara ali pra meu futuro marido, Suerda?

– Hein? – foi a resposta.

Desisti.

Agora eu precisava colocar toda a minha argúcia feminina para funcionar se eu quisesse bolar um plano de aproximação. A mulher da burca só deixava ver os olhos, mas eles me assustavam um pouco. E é claro que eu não gostava da ideia de ser uma destruidora de lares, mas, àquela altura da vida, eu já tinha entendido que quem é fiel, é fiel e quem não é... pula a cerca. Se ele me desse uma chance, era um favor que eu fazia à mulher, livrando-a de um marido safado.

Sim, eu sei que distorci um pouco a ética a meu favor. Mas quem não faz isso?

Olhei para ele mais duas ou três vezes para me certificar de que o interesse era mútuo e então ensaiei um sorriso. Ele retribuiu e levantou uma taça de vinho em minha direção, como se me cumprimentasse. O gesto fez a mulher de burca me fulminar com os olhos. Ela virou para o homem e os dois começaram a discutir. Fiquei observando calada, a Suerda agora entretida num monólogo sobre tricô. E então, de repente, a mulher de burca saiu do restaurante, parecendo bastante irritada. Olhei para o homem, constrangida, mas ele não estava nervoso. Pelo contrário. Sorriu e fez um gesto para que eu fosse me sentar com ele. Por um momento, hesitei. Mas depois a seguinte frase se formou no meu pensamento: "Quer saber? Dane-se!". Então fiz o que as minhas vontades mandavam. Afinal, não é todo dia que um cara desses dá sopa por aí.

Não sei se a Suerda chegou a notar que eu deixei nossa mesa.

– Boa tarde – cumprimentou o homem me estendendo a mão. – Tenha a bondade de sentar-se comigo para uma taça de vinho.

Obedeci com um sorriso. A voz dele era grave como a de um locutor de rádio, mas, ao mesmo tempo, suave e aconchegante.

– Posso saber o nome da moça? – continuou ele. – Eu me chamo Eusébio.

– Maria Helena, prazer – inclinei-me para perto dele. – Escuta, a sua esposa não ficou com raiva por minha causa, ficou?

– A Érica? Ah, ela é assim mesmo. Quando fica nervosa sai bufando. Mas deixemos o gênio dela pra lá. A senhora vem de onde?

Ele me fez contar tudo sobre o Brasil. Ficou fascinado com a imagem que criei para ele do samba, do futebol, mas, mais do que isso, da vida comum no Rio de Janeiro, da boemia, da praia, tudo. E conversamos por horas a fio ali, naquela mesa de restaurante. Ele pediu alguns quitutes que disse que eu ia adorar. E tinha razão. Tirou do bolso um potinho de um doce que eu nunca tinha comido e cujo nome ele se recusou a revelar. Independentemente do que fosse, era tão bom que era capaz de fazer qualquer modelo desistir da anorexia.

Mas se ele fazia perguntas, eu também não ficava atrás. Quis saber se era a primeira vez dele na Grécia, ao que ele não respondeu senão com uma grave e gostosa risada. Depois disse que não, era grego, por assim dizer, embora passasse muito tempo em outros lugares.

– Mas é sempre bom voltar à terra natal para dar uma olhada de perto em como andam as coisas.

Quis saber mais sobre a moça da burca, mas ele se limitou a responder: "Foi o maior erro da minha vida", então não voltei ao tema. Aliás, por que perder tempo falando dela quando nos dávamos tão bem juntos? Não faltava assunto. Às vezes ríamos tanto que os outros clientes do restaurante nos encaravam com desdém. E nós nem aí, conversando e rindo feito dois adolescentes no shopping.

Passamos tanto tempo lá que, quando ele pagou a conta para irmos embora (o que eu aceitei, como de praxe), o Sol já havia se posto e a Lua brilhava alto, refletindo sua luz sobre as águas escuras do mar. Ele me convidou para uma caminhada na praia. Conversamos sobre família, filhos, contei da prisão em que eu me encontrava antes de viajar. Então ele me olhou nos olhos e disse: "Não deviam tentar manter um pássaro tão belo na gaiola. Você nasceu para voar alto".

Não parei para refletir se o comentário era brega ou não. Ele logo emendou numa conversa sobre mitologia grega, e contava tudo com tanto ânimo que a coisa não pareceu chata nem por um segundo. Assim varamos a noite, contando histórias, compartilhando a vida e nos divertindo a valer.

Assim e... fazendo umas outras coisinhas. Porque em determinado momento eu não aguentei mais aquela falação toda sobre Hermes e pulei no pescoço do meu gatão da terceira idade. E o cara nem para parecer surpreso. Agarrou-me pela cintura e logo rolávamos aos beijos. Nem precisamos da pílula azul. Mas, como tudo que é bom dura pouco e tem consequências, no dia seguinte eu estava toda ralada e a mulher de burca voltara a fazer companhia a Eusébio.

Não se passava um segundo sem que ela lançasse um olhar maldoso em minha direção. Se ela fosse um animal, aposto que estaria rosnando sob aquele pano todo, com pelos eriçados e tudo. E eu fingia não perceber a descarga de ódio, ouvindo as reclamações da Suerda com o máximo de atenção simulada. Na verdade, apesar de toda aquela intimidação, eu não me importava mais com a esposa traída. Conhecer Eusébio fora a melhor coisa da minha viagem, quiçá da minha vida. Ele era um bom resumo de todos os meus pré-requisitos para homem perfeito e me fazia sentir nas nuvens. Se ele próprio parecia infeliz com a tal da Érica, por que não darmos uma chance a esse envolvimento? Decidi que voltaria a falar com ele naquele dia.

E então comecei a sofrer uma série de infortúnios.

Primeiro, uns garotos tentaram levar minha bolsa, mas afastei-os a sapatadas. Depois tropecei em um montinho de terra e caí de quatro, ralando ainda mais meus joelhos e pulsos. Vi que a mulher de burca riu e que Eusébio ralhou com ela. Enquanto isso, a Suerda gritava desesperada que os meus joelhos deviam estar quebrados, que na nossa idade não é bom cair por causa da osteoporose e não sei mais que sorte de absurdos. Para terminar a noite, minha salada não caiu bem e passei a madrugada botando as tripas para fora. Nunca antes tinha visto uma salada fazer tão mal.

No dia seguinte, Eusébio me levou para um passeio pela cidade. Mostrou alguns monumentos, bateu umas fotos pra mim. E terminamos o dia na minha cabine, já que a Suerda tinha resolvido (involuntariamente) ir ao cassino. Quando fui me despedir de Eusébio, já tarde da noite, no cais do porto, notei que a mulher de burca nos observava. Eusébio me beijou e foi juntar-se a ela. Era uma situação bem esquisita, eu admito, essa de ficar roubando o marido da outra e ela só olhando, mas eu tinha decidido que não ia me importar e não estava mesmo dando a mínima para ela. Naquela noite o navio balançou como nunca, e todos tivemos que desembarcar pouco antes do nascer do Sol.

Quando os primeiros raios apareceram, eu estava toda torta, dormindo sobre uma cadeira de praia, muito mal acomodada e cheia de dor no ciático. A Suerda parecia pronta para ser enterrada. E antes que eu pudesse pensar no Eusébio e no bem que ele tinha feito à minha autoestima, ele me pegou pelo braço e começou a me puxar para longe. Tudo bem que eu queria um cara másculo e com atitude, mas me arrastar sem sequer dizer “dia” me pareceu um tanto grosseiro.

– Alto lá, senhorito, que é isso agora?

– Maria Helena, tenho que te contar uma coisa, mas não há tempo agora.

Pronto, estava perfeito demais para ser verdade. Alto, bombado, inteligente... Além de casado com uma mulher maluca, provavelmente ele era gay, golpista ou sequestrador.

– Você está em perigo – continuou ele. – Tenho que tirá-la daqui agora. Hera está cuspindo fogo pelas ventas! Está mais perigosa que a Hidra de Lerna!

– Hera? Hidra? – Tadinho, devia ter bebido demais e estava misturando mitologia com realidade.

– Érica, Hera, o que importa é que você não está segura. Venha cá.

Como se eu fosse uma leve pluma e não uma mulher com sobrepeso, ele me pegou no colo e começou a correr. Quando percebi, não estávamos no chão, mas alçando voo, bem alto sobre as nuvens. Aliás, que nuvens eram aquelas? Nos cinco minutos anteriores o céu estava limpinho. E o mar, que já não tinha passado a noite tranquilo, agora se revolvia ainda mais violento. O pessoal todo foi procurar abrigo nas partes altas da cidade. Parecia que um furacão ou alguma tempestade muito forte tinha se armado de uma hora para a outra. Fiquei olhando tudo aquilo embasbacada, tive vontade de fazer xixi por causa do frio e da altura, mas segurei firme. Não podia passar esse vexame com o gatão voador.

Continuamos subindo, subindo, achei que fossemos visitar a estratosfera, mas, de repente, surgiu em meu campo de visão a silhueta de um grande monte. Ali não fazia frio nem ventava forte. Era tudo muito agradável. Finalmente pousamos, no que pareceu um tapete de nuvens. Nem nos meus áureos tempos eu tinha ficado tão chapada para imaginar uma coisa dessas. Será que era demência senil? Eu já estava começando a fantasiar mundos? Talvez eu estivesse em um asilo me batendo contra alguma parede enquanto minha mente inventava tudo aquilo. Eusébio me segurou pelas mãos e me fez sentar em um banco feito de nuvens.

– Desculpe não ter tido tempo de explicar antes – disse. – Hera sempre foi de reagir mal aos meus... flertes, mas dessa vez ela exagerou. Já mandei alguns amigos de confiança para controlarem o humor dela, então não se preocupe, estamos seguros aqui.

Olhei em volta. As "pessoas" que eu conseguia ver estavam todas vestidas em panos fluidos e brancos, como gregos antigos. Em um canto, dois caras conversavam: um deles enchendo a cara de vinho e o outro tocando uma lira.

– Que... – foi o que consegui dizer.

– Calma, calma. Bom, talvez seja interessante começar do começo. Como você já deve estar suspeitando, eu não me chamo Eusébio. Estamos na minha casa e no meu reino. Por aqui costumam me chamar de supremo senhor, deus dos deuses e outras coisas nesse sentido, mas eu gostaria que você me chamasse apenas de Zeus.

Olhei para ele como se tivesse acabado de ouvir um coroa dizendo que era um deus grego imortal. Ah, espere aí, ele tinha dito isso mesmo! E não parava por aí.

– Aquela comigo era Hera, minha irmã, com quem me casei. Bonita, não posso negar, não tanto quanto Afrodite, é claro. Mas que mulherzinha tinhosa! Quanto à burca, Hera nunca se mostra aos humanos, só mesmo os olhos e...

– Peraí – interrompi chocada. – Você se casou com a sua irmã?

Houve uma pausa tensa. Ele não aparentava ter percebido minha perplexidade antes.

– Maria Helena, do jeito que você fala faz parecer horrível!

– E não é?

Ele pareceu realmente magoado.

– Bom, não importa mais – continuou. – Esta foi a nossa última noite como casal. E ela sabe que foi por sua causa que tomei tal decisão, então voltou toda sua fúria contra você. Foi tudo culpa dela: os ladrões, sua queda, a ressaca e até aquela noite no banheiro. Desculpe, querida, eu não queria te colocar em perigo, mas não posso ignorar os desejos do meu coração. Hera já me saturou com toda aquela ciumeira e vaidade. Não aguento mais as vingancinhas dela, as tentativas de matar meus filhos. Se ela quisesse me amar, me amaria como sou.

– Infiel? – retorqui.

– Não. Insatisfeito. Acho que experimentei tantas mulheres, em tantas eras, porque estava à procura daquela que finalmente viria acalmar meu coração. E, desde que cruzamos olhares naquele dia, foi o que senti, Maria Helena. Uma grande calma em meu coração. Se você aceitar, gostaria de convidá-la a fazer parte do meu reino, como minha rainha soberana.

– Você quer dizer morar aqui? – olhei em volta novamente. Parecia tudo meio monocromático, mas a música era boa e tinha bebida de graça. – Ah, a propósito, se você é Zeus e pápápá, por acaso estamos no Olimpo?

– Claro, a morada dos deuses, a seu dispor.

Pensei na Suerda, lá embaixo. Será que eu tinha caído no mar, estava inconsciente me afogando enquanto ela gritava em volta dos bombeiros? Naquele dia eu já tinha voado, visitado o Monte Olimpo e, mais inacreditável ainda, sido pedida em casamento! Claro que era um delírio qualquer.

Mas se fosse verdade... Bom, não estava nos meus planos casar de novo, eu queria mais era curtição. No entanto, o pedido de um deus do Olimpo, ou melhor, *do* Deus do Olimpo era algo a se considerar. Era bom confirmar antes, melhor do que passar vexame:

– Você está me pedindo em casamento, né?

– Acho que é como os humanos chamam, sim. Quer casar comigo, Maria Helena? Eu sei que você não está na flor da idade, mas pra tudo se dá um jeito. Além disso, eu estou mesmo atrás de uma mulher mais madura.

Sei lá quantos mil anos e o coitadinho não tinha aprendido a não ofender uma mulher.

– Vou poder visitar meus filhos? – perguntei.

– Mas é claro, minha querida. Vamos visitar seus filhos e ainda faremos muitos outros, você vai ver!

Tive que segurar uma gargalhada. Aos sessenta e sete anos, a menopausa já tinha me abandonado havia muito tempo. A menstruação então, nem me lembrava como era. Ele notou meus pensamentos e me abraçou.

– Sua idade humana não é problema, minha deusa. Se aceitar casar comigo, você se tornará imortal como eu. Será a soberana do Olimpo e perfeitamente capaz de gerar herdeiros.

– Imortal? – de repente uma ideia me cortou o pensamento. – Vou rejuvenescer também?

– Podemos ver isso, se você quiser. Mas te amo do jeitinho que você é. Pode parecer estranho dizer assim tão rápido, mas eu sou um deus, não se esqueça disso. Sei o que se passa dentro de você e amo cada pedacinho.

Ok, ok, ok, coisas meigas sobre amor, mas o que ressoava na minha cabeça era: juventude eterna! Meu Deus, ou meus deuses, era melhor do que plástica. Eu estava empolgadíssima com a oferta, mas não quis demonstrar. Pedi três dias para pensar – que só usei para aproveitar mais o Monte Olimpo e experimentar aqueles vinhos do Dionísio – e, ao fim do prazo, dei minha resposta: tá bom, eu caso.

Com a fúria de Hera controlada, pudemos descer de volta à terra. Estava tudo meio bagunçado, mas ninguém ferido gravemente. Encontrei a Suerda em nossa cabine, agarrada a um terço. Sobre a cama, uma foto minha que eu nem sabia que ela guardava.

– Você está viva! – ela gritou ao me ver. – Achei que tivesse morrido na tempestade, foi uma coisa pavorosa, você nem acredita! Nunca tinha ouvido falar de uma coisa dessas por aqui, se eu soubesse, jamais teria aceitado parar num lugar perigoso desses, você sabe que...

Ela continuou falando e falando, mas eu já não escutava. Estava arrumando minhas malas. Da janela da cabine eu podia enxergar as nuvens, sobre as quais o meu noivo me esperava. Agora, ali longe dele, eu sentia um vazio esquisito. E uma sensação inédita depois de quase setenta anos de vida é algo a se notar. Quis voltar imediatamente para os braços do meu deus grego – literalmente. Queria estar com ele, e queria para sempre.

– Você está pondo as coisas na mala. Pra onde você vai, Heleninha?

Acalmei a Suerda, que ainda estava alterada com a minha volta, e contei que ia me casar. Ela quase caiu para trás com a notícia, ainda mais quando soube que o noivo era o cara bombado que eu conhecera havia dois dias. Nem ousei dizer que ele era Zeus, para evitar um derrame na coitada. Apenas pedi que avisasse meus filhos que um dia eu voltaria para visitá-los, mas que, por enquanto, estaria muito ocupada colocando o Olimpo em ordem. Ela me olhou como se pudesse ver a última gota de juízo evaporando pela minha testa e se restringiu a ficar aparvalhada enquanto eu me afastava.

Zeus estava me esperando no cais. Ele pegou minha mala e me tomou nos braços, rumando para as nuvens, subindo, subindo, subindo. E agora estou aqui, cercada de uns serviçais esquisitos e fazendo amizade com o pessoal. Ontem conheci o Hércules, meu enteado. Também adorei o Dionísio, aquele festeiro que me mata de rir. E o Apolo toca lira muito bem, além de ser, sem dúvida, o mais charmoso por aqui.

Ah, comecei a aprender grego antigo. Xô, Alzheimer!

Brevemente eterno

Jaqueline de Marco

Um forte zunido me ensurdecia. Parecia com o som de um apito, mas infinitamente mais estridente e agudo. Aquele barulho tomava conta da minha consciência, impedindo que eu conseguisse pensar em algo mais. Meus ouvidos doíam e minha cabeça latejava como se fosse alvo de perfurações de centenas de agulhas. Estava no completo breu. Somente eu, o som e a dor. Em um breve momento de lucidez, desejei estar morto.

Depois de um tempo que me pareceu maior que a eternidade, aquela agonia começou a diminuir conforme o som ficava menos intenso. Breves lembranças despontavam, imagens desconexas e sem sentido. Homens vestindo uniformes, fogo, sangue. Com o tempo, sons passaram a sobrepor o zunido, acrescentando informações às cenas de minha mente. Gritos, choro, explosões.

Por fim, foi a vez da escuridão dar lugar à luz. Com muita dificuldade, consegui fazer minhas pálpebras me obedecerem e se abrirem. A claridade quase queimou minhas retinas, ferindo como brasas recém-tiradas do fogo em contato com a pele. Após algumas tentativas frustradas, consegui manter os olhos abertos e encarei um céu azul, claro e amplo. O sol reinava em seu esplendor emoldurado por nuvens brancas que pareciam tão consistentes quanto algodão. Parecia muito próximo e real. Tentei erguer o braço para tocá-las, mas fui impedido por alguém, que me empurrou docemente de volta ao solo.

– Tente não se mover, ainda está muito ferido.

Aquela voz era melodiosa como uma canção. Jamais tinha ouvido nada semelhante, nada tão harmonioso e puro. Aquelas palavras dançaram em minha mente enquanto eu sentia meus olhos se fecharem de novo.

Despertei de súbito. Acordei com a sensação de ter dormido por séculos, mas sentia-me vigoroso como nunca. O zunido tinha passado e, no seu lugar, só conseguia ouvir ondas do mar quebrando ao longe. Sentei-me e trouxe meus joelhos para perto, constatando que estava nu, coberto somente da cintura para baixo por um manto claro de linho. Abaixo do meu corpo havia um emaranhado de folhas de coqueiro sobre uma areia branca e fina.

Olhando ao redor, percebi que estava em uma espécie de caverna, ou uma gruta. O ambiente era úmido e a temperatura agradável. A pouca claridade do lugar vinha de uma abertura distante. Os raios de luz desenhavam formas simétricas que perdiam sua intensidade conforme penetravam na caverna.

Sem muita dificuldade eu me levantei e me enrolei no pedaço de pano. Caminhei até a entrada daquele lugar tentando puxar na memória como tinha chegado ali. Sem dor e completamente descansado, não era difícil pensar racionalmente nos eventos mais recentes. Meu nome era Daniel Rogers. Eu tinha 25 anos, nasci no estado de Illinois e era um combatente norte-americano. Vivíamos em tempos de guerra. Eu não podia confiar em ninguém.

Com estas informações em mente, alcancei a abertura da caverna. Fiquei sem fôlego com a vista. Estava na parte mais alta de uma praia paradisíaca, rodeada por um mar quase tão azul quanto o céu, que se estendia além do horizonte, salpicado por andorinhas. Perto da costa, ondas quebravam sonoramente em rochedos, formando espumas parecidas com rendas de vestidos de noiva. O sol ainda ardia com intensidade, mas seu vigor parecia ainda maior quando somado ao brilho que refletia na areia da orla. E ao longe, conseguia enxergar montanhas cobertas de folhagem e vegetação tropical.

Antes que pudesse me dar conta, estava cercado por mulheres que tinham vindo de lugar nenhum. Eram pelo menos seis, todas vestidas com panos brancos enrolados em formato de vestidos. Elas cantarolavam e sorriam para mim. Apesar de assustado, não me sentia intimidado. As mulheres eram jovens, com corpos frágeis, e seus rostos transpareciam inocência. Todas tinham o cabelo escuro, tão negro que quando ondulados pelo vento pareciam ganhar uma tonalidade azulada. Cheguei até a questionar se de fato suas madeixas não eram mesmo azuis.

– Por favor, onde estou? – perguntei pausadamente, como se estivesse conversando com crianças.

As moças se entreolharam e riram umas para as outras, não interrompendo seu cantarolar. A mais alta delas se aproximou de mim com uma trouxa de pano nas mãos. Quando estava a um palmo de distância, passou por meus braços e pela minha cabeça algo que se revelou ser uma camisa. Ao terminar, se afastou com um sorriso dando espaço para outra jovem, que me vestiu com uma calça clara, que foi presa na minha cintura por um cordão branco.

No fim, todas deram pulos em seus lugares e começaram a cantarolar ainda mais felizes. Antes que eu pudesse fazer novas perguntas, as seis partiram numa corrida em ziguezague, sem qualquer padrão, em direção às folhagens.

– Esperem! Aonde vão?! – parti ao seu encalço, gritando e acenando.

Ainda não sabia quem eram, de que lado estavam, mas aparentemente elas eram as únicas pessoas que deveriam saber de alguma coisa por ali. Mesmo que não parecessem dispostas a se comunicar.

Corri por alguns minutos guiado pela canção daquelas mulheres. Eu já não as enxergava mais no meio daquela vegetação. A folhagem era fechada, mas pouco ameaçadora. Ao longe, ouvia sons de pássaros, e a terra sob meu pé descalço estava úmida e macia ao toque.

Aos poucos, o espaço entre as árvores foi se ampliando e então me deparei com um lago no centro de uma clareira. O lugar parecia abafado, como se as árvores filtrassem tanto o som quanto a luz.

E foi então que eu a vi.

Ela estava de perfil, encarando melancolicamente a água a sua frente. Era a mulher mais linda e mais triste que já conheci. Seu cabelo brilhava como o sol, apesar da pouca claridade onde estávamos. Os fios dourados jaziam trançados sobre um dos seus ombros. Era magra, alta e vestia algo semelhante ao daquelas jovens, porém mais comprido e ainda mais branco. Quando notou minha presença ela se virou pra mim e sorriu um lindo sorriso. Fiquei sem palavras por vários segundos, somente contemplando sua beleza. Ela parecia ter pouco mais de dezoito anos, e seu corpo esguio era uma mistura de inocência e malícia. Respirei fundo, tentando colocar meus pensamentos em ordem.

– Vejo que já está melhor. Fico feliz que tenha acordado, Daniel.

Era a mesma voz que eu tinha escutado antes. A mesma que, até aquele momento, não sabia se era real ou somente um sonho. A voz mais doce e pura que tinha ouvido.

– Como sabe meu nome?

– Estava escrito numa placa de ferro presa às suas vestimentas.

Apesar de não ser muito apropriado, senti-me envergonhado. Se aquela jovem tinha visto minhas antigas roupas, provavelmente tinha ajudado a me despir. Senti meu rosto corar, repreendendo-me internamente por isso.

– Você é aliada ou é membro do eixo? – perguntei. Naqueles tempos de guerra, esta era a questão padrão a ser feita quando não nos deparávamos com militares armados.

A jovem sorriu, achando graça das minhas palavras, e respondeu minha pergunta com outra.

– Vamos dar uma volta? – ela estendeu sua mão – Quero lhe mostrar um lugar.

Caminhei até ela e segurei sua mão, lisa e macia como a de um recém-nascido. Próximo a ela, pude ver seus olhos tristes. Eram azuis, quase da mesma cor que o mar que havia contemplado há pouco.

Ainda sorrindo, ela me guiou em direção à vegetação densa. Podia ouvir o som dos nossos passos conforme caminhávamos. Em certos momentos, consegui sentir o cheiro intenso que vinha daquela jovem. Um delicioso cheiro de mar. Depois de alguns minutos em silêncio, chegamos ao local que ela queria me mostrar. Era um imenso jardim, repleto de flores coloridas, de diversas espécies. Ali o sol penetrava pela folhagem, criando uma linda cortina de luz sobre a área gramada. No centro havia uma nascente que borbulhava um líquido límpido, completamente transparente, que se ramificava em várias aberturas de água que corriam ao redor de todo o jardim.

– Este lugar é... lindo.

Ela se ajoelhou e sentou-se na grama. Eu a segui e fiz o mesmo, sentando-me de frente para ela.

– Como se chama?

– Calipso. E esta é a minha ilha, Ogígia.

Ela pegou uma flor de uma planta ao seu lado e, sem arrancá-la do caule, levou à altura do rosto. Ela sorriu após sentir o cheiro. Por algum motivo que eu não sabia explicar, aquele sorriso parecia significar o mundo para mim.

– Como vim parar aqui em Ogígia?

– Qual é a última coisa da qual se lembra, Daniel?

Minha última lembrança era a voz de Calipso enquanto cuidava de mim na praia. Mas me senti um tolo por pensar em responder isso.

– Lembro-me de estar a caminho do arquipélago de Ryukyu com a minha guarnição. Estava no segundo hangar do navio quando ouvi o primeiro grande estrondo. – Calipso acompanhava minhas palavras com muita atenção, como fosse sofrer algum dano caso perdesse alguma coisa do meu relato. – Algumas pessoas começaram a correr, a gritar que estávamos sendo atacados, que precisávamos nos armar. Mas eu subi. Precisava ajudar os feridos. E tínhamos muitos feridos. Foi quando um novo ataque nos atingiu. As bombas perfuraram o tombadilho, explodindo tudo. Fui jogado ao mar... e, depois, nada. Não me lembro de mais nada.

Calipso se aproximou ainda mais de mim. Ela ergueu sua mão e acariciou com carinho a lateral do meu rosto. Sem se intimidar e pedir permissão, ela me tocava como se eu pertencesse a ela e, por um instante, me perguntei se de fato isso não era verdade.

– O mar trouxe você até mim. Eu o encontrei entre a vida e a morte na praia. Eu o curei, Daniel, por completo.

Automaticamente corri os olhos por meus braços, em busca de machucados, mas não encontrei nada. Minha pele estava lisa e com uma cor uniforme. Nem mesmo uma cicatriz me marcava. Nenhum arranhão sequer.

– Há quanto tempo estou aqui?

– O tempo é relativo, Daniel. Especialmente para um

humano. Por isso ele não tem importância aqui na ilha de Ogígia. Mas saiba que mesmo não entendendo o tempo da mesma forma que você, senti como se uma eternidade tivesse se passado enquanto eu desejava que você acordasse. Eu fiquei imaginando qual seria a cor dos seus olhos – ela virou o rosto e pela primeira vez me pareceu que Calipso tinha ficado envergonhada. – Mas sabia que seriam lindos.

Inexplicavelmente senti vontade de beijá-la, de deitá-la naquele gramado bem cuidado e torná-la minha. Queria gritar, chorar, sorrir, tudo ao mesmo tempo. Calipso era perfeita, sobrenaturalmente perfeita. Ela voltou a me encarar e por um instante eu me perdi no azul daqueles olhos. Como era possível eu me sentir no vasto oceano simplesmente com aquele olhar?

– Quem é você?

O sorriso triste voltou aos lábios de Calipso. Doía-me vê-la tão infeliz.

– Venha – disse Calipso, erguendo a mão em minha direção depois que se levantou do chão.

Caminhamos de volta para a praia. Calipso apontava para as árvores e me ensinava o nome de cada pássaro que sobrevoava nossas cabeças.

– Estou feliz com a sua presença, Daniel. Aqui é sempre tão solitário – ela falou depois de alguns minutos de silêncio.

– E aquelas outras jovens? As que me vestiram?

– São boas servas, mas não são de conversar muito.

– Eu notei. – Ela sorriu novamente e eu continuei. – E sua família? Mãe, pai, irmãos?

– Meus pais tiveram muitos filhos, não têm como nos dar muita atenção.

– E um namorado, quem sabe um marido? – perguntei desconfortavelmente.

– Nenhum dos dois. Tenho três filhos, mas todos já partiram daqui há muito tempo – Calipso falou nostalgicamente.

Eu me perguntei como alguém aparentemente tão jovem poderia ter filhos com idade suficiente para seguir suas vidas por conta própria. Mas não a questionei sobre isso, não queria vê-la triste.

– E você, Daniel? Conte-me mais sobre você – Calipso perguntou, ainda me guiando pela mão. – Como é o lugar onde você mora? Sua família é grande? Seus pais ainda são vivos? Tem esposa, filhos? Você tem quantos anos?

Ri da enxurrada de perguntas. A ferocidade de seus questionamentos era quase infantil. Como uma criança que acaba de ser apresentada aos mistérios da vida. Assim que ouviu minha risada, Calipso parou de caminhar e virou o corpo para me encarar. Seu rosto se contorceu numa careta de pura curiosidade.

– O que foi? Por que está rindo de mim?

– Não estou rindo de você, mas de como você perguntou. – Minha resposta não pareceu convencê-la, então continuei a falar. – A minha vida é entediante, Calipso. Não tenho muito que dizer sobre ela.

– Oh, não, Daniel, por favor! Anseio por isso desde o dia em que o encontrei na praia. Por favor.

Naquele momento eu tive a certeza de que jamais negaria nada àquela mulher e aos seus olhos de mar.

– Está bem. Vejamos. Eu nasci em 1920 numa família pobre de Chicago. Conhece, Chicago?

Calipso negou com a cabeça.

– Nunca deixei Ogígia.

– Nunca?

– Nunca.

Achei melhor mudar de assunto, antes que ela se fechasse ou, pior, trouxesse de volta aquele sorriso triste aos lábios.

– Eu vivo com minha avó e meus dois irmãos. Entrei para o exército há alguns anos e, por isso, faz um bom tempo que não os vejo.

– Sente falta deles?

– Mais do que qualquer coisa – me surpreendi com minha resposta. Era estranho expressar em palavras sentimentos ocultos até para mim. Calipso estava com uma feição carinhosa, o que me deu força para continuar. – Quando parti, lembro que pensei “esta pode ser a última vez que vejo minha família”. Então gravei cada detalhe deles. O cheiro de alfazema de minha vó, o cabelo sempre despenteado de meu irmão e a voz doce de minha irmã. Aí hoje, quando fecho meus olhos, ainda consigo recriá-los na minha mente, mesmo que já faça anos que não os veja.

– E você é casado?

Instintivamente, senti-me radiante ao perceber que ela ficou tão perturbada com a pergunta quanto eu, como se temesse a resposta.

– Não. Mas pretendo um dia me casar com tudo o que tenho direito. Festa, amigos, um padre e, claro, a troca de juras de amor eterno.

Era impressionante como não conseguia mentir, ou sequer omitir, nada dela. Era como se minha alma quisesse gritar para aquela mulher todos os seus segredos. E eu estava feliz com isso. Pela primeira vez na minha vida eu podia me abrir sem precisar temer ser julgado por isso.

– E quanto a filhos? Tem algum?

– Não.

– Um dia gostaria de ter?

– Este é o meu maior sonho – disse sem pestanejar.

Seus lábios formaram uma fina linha. Ela acenou com a cabeça e voltou a caminhar.

Quando alcançamos a praia, Calipso seguiu até o mar.

– O que você vai... – tentei perguntar quando já estávamos com a água na altura da cintura, mas ela me cortou com o olhar.

O mar estava agitado, com as ondas batendo na encosta, não permitindo que eu permanecesse parado no lugar. Eu lutava para que a correnteza não puxasse meu corpo em direção ao fundo. Segurei a mão de Calipso com força para que não fosse levada, mas ela não parecia se incomodar. A jovem estava com os olhos fechados e a cabeça erguida, sorrindo para a brisa que desmanchava a trança de seu cabelo dourado. Ela era divina, uma obra de arte, um milagre.

– Quem é você? – perguntei pela segunda vez.

Calipso pestanejou antes de me encarar com seus olhos de mar.

– Daniel, você acredita em mágica?

Eu acreditava no que estava vendo, e Calipso era pura magia. Eu sentia algo dentro de mim que jamais poderia ser explicado racionalmente. Então, sim, eu acreditava em mágica.

Concordei com um aceno. Calipso sorriu com sinceridade, fazendo meu coração dar um salto.

Ela abaixou sua cabeça, encarando o mar agitado. Por vários segundos não trocamos uma palavra e quando eu estava começando a ficar preocupado, senti algo se agitar nos meus pés. Eu me aproximei de Calipso num gesto protetor e vi que seus lábios se moviam, num cantarolar. O mar se agitou ainda mais e as ondas quebravam mais intensamente na orla. A canção que Calipso entoava acelerou e, então, parou. Assim que ela interrompeu a música e abriu seus olhos, o mar se aquietou. Na verdade, o mar se paralisou. Nenhuma ondulação nos rodeava. Era como se estivéssemos cercados por uma gigantesca camada de vidro azul que ia desde a faixa de areia até a linha do horizonte.

Encarei Calipso com surpresa

– Quem é você?

– Eu sou uma oceânide. Uma ninfa do mar, filha de Tétis e Oceano.

Aquilo era loucura. Sabia pouco sobre mitologia, mas já tinha ouvido muitas histórias sobre ninfas do mar enquanto estava no navio. Calipso era real, não um ser mitológico. Isso era insano. Durante nosso encontro tinha formado diversas teorias em minha mente. Que ela tinha naufragado naquela ilha quando pequena e tinha aprendido a se virar sozinha desde cedo. Que era uma das poucas sobreviventes de uma civilização litorânea. Mas uma ninfa do mar? Não, isso não tinha passado por minha cabeça.

– Pegue, beba isso, vai te fazer bem.

Encarei Calipso, que segurava nas mãos uma cumbuca de barro, com desconfiança.

– É só água. Beba.

Tomei em vigorosos goles. Calipso sentou-se ao meu lado na areia. Não nos olhávamos. Ficamos encarando o mar, que agora já tinha voltado ao seu movimento natural.

– Não queria te assustar, Daniel.

– Não me assustou, só... me surpreendeu – menti.

– Desculpe. Não tem exatamente uma forma simples de se contar uma coisa dessas.

– Mas como isso pode ser real?

– Lembra quando eu disse que o tempo é relativo? Pois bem, o mesmo padrão pode ser usado para definir a realidade, criada pela mente humana como forma de racionalizar algo. O homem não suporta a ideia de que certas coisas simplesmente acontecem, sem qualquer tipo de explicação, e então cria teorias e fórmulas que, muitas vezes, só maquiam o que deveriam conhecer. Eu, Daniel, sempre existi.

Sou imortal, assim como várias divindades que existem por aí. Diversas vezes interagimos com os seres humanos sem revelar quem somos, como forma de proteção. Se quiser continuar a rotular as coisas, então acho que isso sim pode ser chamado de realidade.

Sua voz, antes doce, agora parecia pertencer a uma guerreira e suas palavras tinham a sabedoria de quem já presenciou muita coisa nesta vida. Virei meu corpo e encontrei seu perfil, exatamente da mesma forma como tinha visto pela primeira vez. A mais bela e pura criatura do mundo.

– Há muito, muito tempo, um destemido jovem também naufragou em Ogígia. Eu cuidei dele, dei-lhe de comer, ofereci abrigo e o presenteei com o meu coração. Mas nada que entreguei o fez me amar, então eu permiti que partisse. E desde então, Daniel, não tinha sentido nada semelhante por mais ninguém. Nunca, até encontrá-lo na praia. Era como se finalmente tivesse aparecido a peça que faltava, aquela que fora criada especialmente para me completar.

Algo dentro de mim compreendia suas palavras. Desde a primeira vez que vira Calipso radiante à beira do lago eu soube. Eu entendi, como nunca antes, o motivo pelo qual eu ainda estava vivo. Eu só não podia imaginar naquele momento que a jovem por quem eu estava apaixonado era na verdade uma ninfa.

– O que você quis dizer com "eu permiti que ele partisse"?

Calipso respondeu ainda sem me encarar.

– Ogígia é uma ilha especial. Ela tem vontade própria e traz para cá quem ela quer, só que somente uma vez. Isso quer dizer que quem parte daqui nunca mais acha o caminho de volta. Somente eu decido quem pode ir embora para sempre, caso contrário essa pessoa jamais conseguirá sobreviver à viagem pelo mar.

– Você então pretendia me manter aqui como prisioneiro?

– Não, jamais! – Calipso virou-se de súbito, segurando minhas mãos juntas enquanto me encarava. – De fato sou eu quem decide quem deixa a ilha, mas a escolha de viver aqui para sempre é sua. Eu posso tanto oferecer o retorno para a sua casa quanto a imortalidade, para que viva aqui comigo. Sempre a escolha foi sua. Tão somente sua.

– Espere, eu tenho que escolher entre voltar para casa e ficar aqui, vivendo como um imortal. É isso mesmo?

Calipso acenou, concordando com a cabeça. O sorriso triste retornou aos seus lábios.

– Daniel, não é justo que eu peça a você para ficar. Apesar de todos os benefícios que a imortalidade traz, ela não substitui tudo o que a vida que você sempre conheceu tem. Queria não ser egoísta e não dizer que preciso de você aqui e que você é meu mundo agora. Mas esta é a verdade.

Seus olhos de mar foram inundados pelas lágrimas que se formaram. A ponta do seu nariz perfeito ficou completamente vermelha antes mesmo que a primeira gota escorresse por sua face corada. Aquela imagem me rasgou por dentro, como se cada lágrima que caía levasse com ela um pouco da minha alma. Enlacei o corpo frágil de Calipso, trazendo-o mais próximo do meu. Queria afastar todas as suas preocupações, protegê-la para sempre com a minha vida.

– Não chore, por favor. Não suporto vê-la triste. Sinto como se a minha existência perdesse o sentido quando vejo que a tristeza vem ao seu encontro – falei ao seu ouvido, entre seus soluços. – Calipso, você mexeu comigo de uma forma inexplicável. Hoje eu sei que amor à primeira vista existe sim, pois jamais senti o que sinto por você.

Afastei um pouco nossos corpos e segurei seu rosto molhado com minhas mãos.

– Obrigado por me salvar quando eu estava à beira da morte, pois de outra forma eu jamais teria conhecido o amor. Se eu nunca tivesse ouvido sua voz, sentido o seu cheiro, tocado a sua pele, eu morreria sem entender o que é este tão estimado sentimento. Esse que enlouquece as pessoas e as faz agir por impulso. Esse que mata, cria e cultiva. Este sentimento chamado amor.

Trouxe Calipso para perto de mim. Nossos corpos estavam colados e nossos lábios relavam uns nos outros enquanto eu falava.

– Realmente o tempo é relativo nesta ilha. Eu te conheci há pouco, mas sinto que nem mesmo a eternidade contigo será o suficiente. Pode parecer insano, mas estou completamente apaixonado por você.

Neste instante eu quebrei a pouca distância que nos separava.

Beijar seus suaves lábios era algo quase inexplicável. Era como se mais nada existisse no mundo a não ser ela e eu. Calipso era como a imensidão do oceano, inebriante e bela, mas, ao mesmo tempo forte e destemida. Sua pele tinha gosto de mar e eu me afogava a cada toque.

Passamos a noite na mesma caverna onde acordei naquela manhã. Despertei sentindo um vazio ao meu lado. Calipso já tinha se levantado. Caminhei pela vegetação, encontrando-a contemplando seu jardim.

– Bom dia – disse abraçando-a por trás e beijando sua nuca.

Calipso virou o rosto e quando nossos olhos se encontraram, vi que chorava novamente.

– O que aconteceu? Achei que estivesse contente – disse e então ela me abraçou forte. – Não precisa mais ser sozinha. Serei eternamente seu. Vamos ser muito felizes juntos. Eu juro. Não quero que chore mais.

Afastamos nossos corpos. Ajudei a enxugar as lágrimas do rosto de Calipso, mas a ameaça de uma nova crise de choro era eminente. Ela sorriu para mim, mas o sorriso não alcançou seus olhos. Isso me entristeceu. Nem eu era capaz de afastar a melancolia daquele coração machucado.

– Venha – disse ela, puxando-me delicadamente pelo braço.

Na beira de um dos riachos formados pela nascente central do jardim, nós paramos. Calipso pegou uma cumbuca de barro e a encheu com um pouco de água. Depois retirou do cordão de seu vestido um frasco transparente com um líquido brilhante de cor azul. Ela o destampou e despejou seu conteúdo na água, mexendo logo em seguida até que todo o líquido azulado perdesse a cor, camuflando-se no recipiente.

Ela entregou a cumbuca para mim. Mesmo sem explicar, eu já sabia que era aquilo que me tornaria imortal. Aquele líquido era a chave que me ligaria a Calipso por toda a eternidade. Seríamos companheiros, amigos, amantes. Ela nunca mais precisaria chorar. E eu ficava feliz em pensar que, se mesmo assim ela se entristecesse por algum motivo, eu estaria lá para enxugar suas lágrimas. Sempre sonhei em ter alguém com quem pudesse compartilhar minha vida. E, daquele momento em diante, Calipso seria a minha existência.

Levei a bebida até meus lábios, mas antes que pudesse beber, Calipso passou suavemente a mão pela lateral do meu rosto e me beijou com carinho. O gosto de seu beijo estava salgado pelas novas lágrimas que insistiram em cair.

– Eu vou amá-lo para sempre, Daniel. Jamais se esqueça disso.

Sorri de felicidade antes de derramar todo o líquido pela minha garganta.

Tomei tudo em um único gole e no mesmo instante em que comecei a sentir a bebida descer por meu corpo, notei que minha visão começou a nebular. Tudo ficou embaçado em questão de segundos. Meus pés vacilaram e senti que Calipso caiu junto comigo no chão gramado quando perdi o equilíbrio. Imerso na escuridão, desejei que tudo passasse rápido para que logo pudesse estar junto de minha amada.

A última coisa que ouvi foi a voz de Calipso dizendo que "tudo ficaria bem".

Acordei com o corpo dolorido, sentia a pele do meu rosto arder intensamente. Meu estômago estava embrulhado e o chão ondulava abaixo de mim. Imagens desconexas se formavam na minha mente, como se as informações estivessem lutando para ganhar sentido. Como se as lembranças aos poucos viessem ao meu encontro.

Tentei me levantar, mas o chão era instável demais. Só sentei. Então, quando abri meus olhos, tudo pareceu retornar à mente de uma vez. Eu estava numa embarcação de madeira, composta de troncos de árvore amarrados por cordas feitas de folhas e cipós. Eu estava vestido com o meu uniforme militar rasgado e queimado em algumas partes. Minha boca estava rachada e seca. O sol estava a pino e toda minha pele exposta brilhava num vermelho vivo. Devia estar navegando há horas, talvez dias.

Olhei ao redor somente encontrando o oceano e então me lembrei de Ogígia e, principalmente, de Calipso. Aquilo tudo tinha sido somente um sonho? O delírio de um jovem que estava torrando ao sol após sofrer um grande trauma? Senti-me sozinho, traído. A dor de ter tido a felicidade nas mãos, para logo em seguida perdê-la, era muito grande.

Ouvi ao longe um alarme. Era um cargueiro navegando há alguns quilômetros de mim. A tripulação tinha enxergado a minha embarcação e estava sinalizando. Eu estava a salvo. Com dificuldade consegui me colocar de pé e acenei com toda a minha pouca força.

Enquanto o navio de bandeira inglesa se aproximava, eu

coloquei a mão no bolso de minha calça, como se atendesse a um pedido soprado diretamente em meus pensamentos. Retirei de lá um pedaço de papel macio e perfumado. E nele estava a grafia mais linda e perfeita que eu já tinha visto na vida. Era uma carta de Calipso.

Tudo tinha sido real.

Amado Daniel

Espero que quando leia esta carta, já esteja em algum lugar quente e seguro. Eu cuidarei para que seja encontrado e pedirei aos deuses que guiem o seu caminho pelo mar para que nada nem ninguém lhe faça mal.

Imagino que esteja me odiando no momento. Mas saiba que essa foi a atitude mais honrada que já tive em toda a minha existência. A imortalidade é uma maldição, não uma dádiva. Permitir que você passe por isso simplesmente para que eu não me sinta mais solitária seria egoísmo demais.

Você merece mais. Merece o mundo. Todos os seus sonhos jamais poderiam ser realizados comigo. Escolher ficar na ilha o afastaria de sua família, sua casa, seu lar, seus amigos...

Não tente jamais retornar à Ogígia. Lembre-se que isso é impossível.

Obrigada por fazer da minha existência algo mais completo. Agora eu sei que eu tive a minha chance com o amor. Pode parecer estranho, mas sinto-me feliz por isso. Feliz pois além de saber que você ficará bem, eu sei que terei um pouco de você aqui em mim.

Quero que se lembre sempre de tudo o que passamos e conversamos. Algo que não pode ser medido em tempo, mas que para mim significou uma vida.

Quando estiver velhinho, rodeado por seus filhos e netos, lembre-se de que em algum lugar deste mundo existe uma ilha e que neste local mora uma ninfa que o ama de todo o coração.

Sempre sua,
Calipso.

Dobrei a carta com cuidado. As bordas da folha estavam rasgadas e o papel ligeiramente amassado pelo manuseio. Recoloquei-o dentro de um envelope amarelado pelo tempo e beijei o papel.

– Venha, vovô, vamos almoçar! – A voz infantil de minha neta me trouxe de volta a realidade.

– Estou indo, querida – sorri – Mas vá indo na frente, vá.

A criança partiu toda faceira ao encontro de minha família. Minha numerosa família. Ao longo de 66 anos, consegui uma vida confortável. Um lar, uma esposa, filhos, netos. E até condecorações por meus trabalhos durante a Segunda Guerra Mundial. Tudo o que sempre sonhei.

Calipso e meu período na ilha de Ogígia eram meu maior segredo. Nunca contara para ninguém sobre o assunto. Desta forma, sentia como se cada instante que passei com ela permanecesse imaculado, somente nosso.

Guardei com cuidado o envelope dentro de um livro, mentalizando aquela criatura magnífica com cabelos dourados e olhos tristes cor de mar.

Não importava quanto tempo passasse, Calipso seria sempre o meu único e verdadeiro amor.

Harmonia
Mayra Bueno

A vida sempre foi tranquila nos arredores de Cidônia[1]. Uma propriedade próxima à cidade, um pequeno pedaço de terra para plantar, servos para fazer o trabalho pesado, esposa para cuidar da casa, uma filha para ajudar a mãe e um menino para herdar seu nome. Meus senhores não tinham muito do que reclamar, mas nada daquilo era meu. Nem nunca seria, pois sou apenas um escravo.

Não nego que tinha minhas próprias ambições e devaneios. Mas nem por isso me sentia no direito de me lamentar. Minhas funções eram apenas duas, cumpridas com muito gosto, pois sabia da minha sorte.

Uma delas é a que fazia nesta manhã no antigo depósito de pedra um pouco afastado atrás da casa: alimentar e cuidar da grande e excêntrica coleção de pássaros da minha Senhora. O viveiro era o único luxo que o Senhor permitia sua esposa ter para entretê-la enquanto ele estava fora, na cidade, recebendo os resultados da colheita. Era também um momento em que eu tinha o mínimo de privacidade para desabafar meus tolos sonhos de liberdade. Quase ninguém entrava ali desde a construção do novo armazém mais próximo da plantação, a não ser a Senhora que, todos os dias antes do almoço, vinha admirar o canto do conjunto engaiolado.

1 Atualmente chamada de Chaniá, foi uma importante cidade-estado grega localizada ao noroeste da ilha de Creta.

Assim, a cada amanhecer, éramos apenas eu e as inocentes aves, presas sem terem feito nada de errado, mas ainda cantando belamente. Sua companhia era reconfortante e eu gostava de cuidar bem delas, como se para compensar o triste destino de serem privadas do dom de voar. Sentia como se me entendessem. Não achava justo reclamar com os outros escravos quando minha tarefa mais árdua era descascar maçãs para o filho da Senhora, enquanto eles faziam todo o trabalho pesado.

Já minha segunda tarefa, corria agora para encontrá-la: André, o menino da família. Seus pais preferem me chamar de tutor, mas na verdade era sua babá. Ele terminava seu desjejum, e eu o esperei em silêncio no batente da porta, de cabeça baixa – meus cabelos negros ondulados escondendo meu rosto – para não incomodar a Senhora nem Aíde, a filha mais velha. O Senhor estava na cidade.

Quando terminou, o pequeno saltou da cadeira despedindo-se da mãe e correu para mim. Uma vez fora de casa, levei-o pelo caminho que cruzávamos todos os dias, em direção à casa do professor, onde ele ficaria até o almoço.

– Acha que vamos ver o grande pássaro hoje, Daros? – André perguntou, olhando para o céu.

– Vemos muitos pássaros no caminho, pequeno.

– Aíde falou que viram um pássaro enorme voando nas redondezas. Mamãe disse que vai mandar procurá-lo.

– É mesmo? – comentei sem muito interesse. A mãe dele não podia ouvir de uma nova espécie que logo a queria para a sua coleção.

– Se nós o acharmos, podemos ganhar um prêmio!

– Sem chance – dei risada de suas artimanhas. – Não vai perder aula.

– Ah... – resmungou, desapontado. – Então toca pra mim! – pediu, com um brilho no olhar.

– Está bem.

Tornara-se uma tradição eu preencher o caminho com música para diverti-lo. Então tirei minha flauta do cinto da túnica e soprei tons animados para tornar a caminhada menos tediosa.

A excitação do garoto com minhas notas sempre me motivava a continuar. Por isso, assim que o entreguei ao professor, dei-lhes as costas e segui para o outro lado da estrada, não querendo quebrar-lhes a concentração.

A melodia fluía e se mesclava com os sons à minha volta, entrando num ambiente ao qual eu já estava muito acostumado. Tendo sido encontrado ainda apenas um bebê pelas melíades[2] nesta mesma floresta, fui adotado pela ninfa Emélia, que me ensinou a ler, escrever, e a tocar para agradar suas irmãs. Minha música tinha a tendência de atraí-las para perto de mim, fazendo-as começar a dançar despreocupadas.

Continuei adentrando a mata, mas dessa vez, estranhamente, elas não apareceram. Andei com mais prudência, a curiosidade crescendo a cada passo. Acabei por me esquecer da flauta e apurei os ouvidos até escutar vozes vindas de onde sabia ter um lago.

Segui os risos e cheguei à margem do lago, onde achei graça no que vi, antes de começar a ficar preocupado. Um homem estava dentro d'água com algumas náiades[3] muito brincalhonas, que se revezavam pegando-o e puxando-o para o fundo, onde elas costumavam ficar. Quando notei a cabeça do desconhecido demorar cada vez mais a voltar à superfície sempre que submergia, percebi que logo ele não voltaria mais.

– Senhoritas – cumprimentei, sentindo a necessidade de intervir.

Elas me reconheceram e sorriram, desejando-me bom dia.

– Esqueceram de que alguns de nós precisam respirar?

– Ah, mas ele não é um mero mortal, querido Daros – uma retrucou com um sorriso lascivo ao qual eu já me tornara imune.

Balancei a cabeça, vendo-o se debater, tentando se livrar das garras delicadas, porém firmes, com a mão livre erguida como se implorasse aos céus por socorro. Decidindo-me, coloquei uma perna dentro d'água, firmei a outra no chão, agachei-me agarrando seus braços e o puxei para a margem com um impulso preciso, mas só consegui tirá-lo pela metade. Além do seu peso ter me pegado de surpresa, soltei-o assustado com o que vi.

Ele arfava e tossia, cuspindo água, tentando recobrar o fôlego. Contudo, demorei a perceber tudo isso, uma vez que enormes asas pesavam molhadas em suas costas. O homem, ou o

2 Ninfas que habitam os bosques. Protetoras das crianças e dos rebanhos, e de natureza violenta.

3 Ninfas da água doce. Habitam lagos e rios.

que quer que fosse, respirou fundo e rastejou para mais longe da margem antes de se voltar para mim. Registrei vagamente o pano azul preso por um cinto ao redor de sua cintura e que descia, ensopado, até a altura dos joelhos.

As náiades ainda fizeram menção de sair da água, mas com apenas um olhar, avisei-as para manter distância. Elas mergulharam, e eu sabia que ainda estavam por perto.

– Obrigado – ele murmurou, flexionando as asas para testar seus movimentos.

– São... de verdade? – estiquei a mão, ignorando seu olhar desconfiado, ansiando por confirmar o que meus olhos me mostravam. Ele recuou quando meus dedos encostaram-se à pele, mas me deixou prosseguir. Alisei as penas encharcadas – brancas e azuladas nas pontas – e percebi músculos se contraindo levemente, sem poder acreditar no quão real pareciam ao toque.

De repente, afastei-me, com medo. Não sabia o que a criatura à minha frente era nem do que era capaz.

– Preciso ir – balbuciei.

– Espere.

Seu comando me fez cessar qualquer movimento e não consegui mais me mover.

– Quem é você?

– Daros – respondi sem perceber as palavras saindo de minha boca. – Um servo.

– Sabe tocar? – ele olhou para a flauta aos meus pés. – Toque para nós.

Praticamente por conta própria, minhas mãos levaram o instrumento aos meus lábios e notas fluíram. Meus pensamentos estavam enevoados, apenas sua voz – agora cantando suavemente, acompanhando minha melodia com perfeição – parecia importar para mim.

Quando ele se calou, foi como se linhas invisíveis se desamarrassem de meus membros, libertando-me de seu encanto. Estremeci, percebendo o que acontecera.

– O canto da sereia[4]... – murmurei incrédulo. – Mas... você não é uma!

---

4 As sereias da mitologia grega eram mulheres aladas, lindas e com um canto sedutor.

– Não, sou o filho de uma – explicou calmo. – Você toca muito bem. Fiquei impressionado.

Por mais tolo que parecesse, foi um lisonjeio receber um elogio de um ser cuja própria essência era a música. De repente, senti meu coração disparar, me lembrando de que as sereias das histórias comiam gente, atraindo pessoas com sua canção irresistível. Minha respiração acelerou e me preparei para correr. *Mas que chances eu teria contra alguém que voava?*

– O que foi? – ele questionou, alarmado com minha reação repentina.

– Você não vai me comer! – coloquei-me em posição de defesa.

– Tudo bem – falou mansamente, com as mãos para cima, e me aborreci por suas palavras me tranquilizarem. – Você me salvou. Não seria tão ingrato em comê-lo no jantar.

Senti-me tolo ao vê-lo sorrindo e pude notar como era belo o seu rosto, mesmo com os curtos cabelos castanhos molhados grudados em sua testa.

– Agradeço a consideração – relaxei, finalmente me dando a oportunidade de admirar suas asas esticadas para receberem os raios do sol.

Sei que estou abusando da sua boa vontade, mas poderia ficar até eu poder voar de novo? – ele movimentou arduamente sua plumagem, espirrando água à sua volta. – Sou Hiero, prazer.

Analisei a posição do sol e concluí que ainda tinha bastante tempo antes de precisar buscar André. Também percebi não estar sendo coagido a lhe dar uma resposta positiva. Sua voz não tentava me comandar e a decisão era genuinamente minha.

Dei de ombros e sentei-me na grama ao seu lado.

– Então, Hiero, como veio parar aqui?

– Voando – ele riu e balançou a cabeça, como se pedisse desculpas pela piada. – Queria conhecer o mundo melhor. Já teve a sensação de que há algo em algum lugar te esperando?

Já, pensei, *a sensação de que o destino tem mais a oferecer, só basta estender a mão e aceitar*. Mas não me atrevia a falar em voz alta. Não quando aprendi a sufocar tais pensamentos para não me decepcionar numa vida de servidão. Vi-me concordando e preferi passar para outro tópico:

– Nunca vi nada parecido com você. Só ninfas. Um sátiro, vez ou outra. Mora escondido em alguma montanha por aqui?

– Não, na verdade, sou de outra ilha.

Neste momento, uma rajada de vento frio passou por nós, quase me derrubando de costas. Tão rapidamente quanto chegou, ela se foi. O homem alado pareceu mais preocupado do que eu.

– Ah... e você? – mudou de assunto rapidamente. – Como se tornou escravo?

– Não tenho família. Cresci nessa floresta até ser encontrado pelos meus donos, ainda criança.

– Por isso conhece as... – fez um amplo movimento em direção ao lago.

– As ninfas? Sim. Elas são bem curiosas e... sedutoras. Podem ser muito persuasivas, como pôde perceber. Não existem de onde veio? – estranhei, pois achava que as elementais da natureza estavam em toda parte.

– Não, mas aposto como você não conhece uma harpia – desafiou-me num tom de brincadeira.

– Ei, tem um Minotauro em Creta, sabia? – rebati igualmente petulante. Os boatos diziam que era uma criatura violenta e eu torcia para que nunca escapasse do Labirinto.

– Já tentou alimentar duas cabeças de uma quimera ao mesmo tempo ou viu uma fênix renascer das chamas?

– Sempre quis ver uma fênix de perto – revelei, deslumbrado por ele soar íntimo daquelas criaturas sagradas.

– Minha ilha é muito diferente desta aqui.

Novamente, uma brisa cortante resfriou-nos até os ossos. *Que estranho*, pensei, notando como Hiero se calava de repente e ficava inquieto, olhando à nossa volta.

– O que foi isso? – questionei, enfim, esfregando os braços.

– Um aviso – ele murmurou tão baixo que não pude ter certeza de suas palavras. – Não se preocupe – falou mais alto e, simples assim, eu não estava mais preocupado. – Você tem um verdadeiro dom para a música.

– Obrigado – sorri como agradecimento. Quase nunca em minha vida ouvi elogios ou outra coisa que não ordens.

– Gostaria de ouvi-lo tocar novamente, sem obrigá-lo – sorriu desconcertado.

– Quem sabe depois. Mas me fale mais sobre a quimera. Como a cabeça do leão não tenta atacar a cabeça do bode? Isso sempre me incomodou.

Ele riu alto e conversamos por um bom tempo. Claro que eu não acreditava em tudo, mas suas histórias eram tão envolventes que rapidamente nos vi como velhos amigos. Além de ser chocante eu me mostrar tão extrovertido com um completo estranho.

– É melhor eu ir – ele por fim suspirou, o sol quase em seu pico.

– Já? – perguntei sem me dar conta, não querendo perder a companhia. Havia me esquecido de como era bom ter alguém para conversar. As ninfas nunca pareciam muito interessadas no que eu tinha a dizer, apenas no som que eu podia produzir com a flauta.

– Acho que agora já posso voar e não quero te causar problemas – levantou-se, testando as asas, bem mais secas do que antes.

Ergui-me também, meio perdido, sem desejo de ir embora. Queria saber mais sobre este ser misterioso.

Ele se aproximou e tocou meus braços, incerto, olhando nos meus olhos verdes. Notei que éramos praticamente da mesma altura. Tive uma repentina vontade de sentir mais. Era tão raro eu receber qualquer tipo de afeto, que resolvi me aproveitar da estranha situação e deixei minha lógica de lado por alguns segundos. Envolvi meus braços ao redor de seus ombros com mais força do que pretendia. Senti sua respiração parar, antes de seus músculos relaxarem sob minhas mãos e ele corresponder o contato. As pontas dos meus dedos alcançaram as penas de suas asas, e eu me permiti fechar os olhos e me perder em seu abraço.

Separei-me dele a contragosto, com as mãos roçando em seu peito descoberto. Sua pele era mais morena do que a minha, com certeza por ficar mais perto do sol do que eu.

– E agora? Vai voltar para a sua ilha misteriosa?

– Não mais – respondeu, encarando-me fixamente. – Apesar de quererem que eu volte.

Uma rajada forte de vento me fez cobrir os olhos. Quando pude abri-los novamente, só tive tempo de ver sua silhueta no céu, afastando-se de mim e se aproximando das nuvens.

Após a sua partida, voltei para pegar André. E apesar de meus outros afazeres, senti falta de Hiero e passei o resto do dia distraído. Não saberia explicar minha vontade de vê-lo novamente, mas ele me fascinava. Tinha ainda várias perguntas.

Queria conhecê-lo melhor e, quem sabe, ter seus braços me envolvendo mais uma vez, sentir a respiração cálida em meu pescoço, as mãos fortes apertando minhas costas, forçando-me contra o corpo mais musculoso do que o meu.

Senti um arrepio de excitação. Certamente nunca tive tanta necessidade de estar com outro homem antes, de querer conhecer alguém intimamente em todos os sentidos.

No primeiro raiar do sol, fui ter com as aves, murmurando para elas o que estava entalado na garganta. Lentamente, sem prestar muita atenção no que fazia, substituía o bebedouro de uma delas quando um baque na janela me fez pular para trás. Girei rapidamente e lá estava Hiero, pousado no batente, observando-me como um canarinho curioso.

– Precisa aprender a pousar mais silenciosamente – comentei, escondendo minha surpresa por ele ter me encontrado.

Porém, minha euforia em vê-lo foi substituída por apreensão.

– Não pode vir aqui! – apontei para as dezenas de gaiolas. – Se minha Senhora ver você, vai acabar dentro de uma dessas.

Ele olhou em volta e uma expressão de puro desgosto cruzou suas feições. Balançou a cabeça e forçou um sorriso para em seguida estender a mão. Minha euforia retornou ao entender o gesto como um convite. Compreendia sua necessidade de sair dali.

Hesitei, dividido entre a vontade de segui-lo e o receio de abandonar meus deveres. Por fim, cedi, aproximando-me incerto, sendo então puxado e agarrado com força pela cintura. Ele nos impulsionou para cima e quando me dei conta, meus cabelos flutuavam sem controle e meus pés não alcançavam mais o chão. Segurei-me com força em seus ombros. Eu sorria abobalhado, sentia a resistência do vento contra nós, enquanto assistia as magníficas asas baterem, levando-nos para o alto. Não ousei falar nada, maravilhado demais para expressar algo coerente. *Estávamos voando!*

Quando pousamos no meio da floresta minutos depois, eu

ria feito criança. As pernas bambas mal me sustentavam e ele me segurou para eu não cair. Meu coração batia acelerado, não sabia se de excitação, felicidade, ansiedade ou tudo ao mesmo tempo. Hiero também ria – eu desconfiava que era de mim – e puxou-me para si pelas mãos, fazendo-me encostar meu corpo ao dele por completo.

Bastou ele inclinar um pouco a cabeça e nossos lábios se encontraram. Correspondi com prazer, aproveitando cada segundo. Perguntei-me se a sensação que me preenchia de ser querido, desejado, seria mais um encanto lançado pelo filho de sereia, mas logo abandonei o raciocínio, pois só o que importava era que nunca me sentira tão bem.

Um vento morno nos envolveu como em uma carícia. Por fim, quando nos apartamos, sabia ostentar uma expressão apreensiva.

– Acho que estamos sendo observados – murmurei.

– Sim, estamos – respondeu sem hesitar. – Meu pai, Eurus.

– O Deus do Vento do leste? – minha voz saiu estrangulada.

O tal vento, agindo pela vontade de seu deus, transformou-se em congelante. Hiero suspirou exasperado.

– Ele está preocupado, acha que eu nunca devia ter saído de Atlantis[5].

– Achei que essa ilha tivesse afundado – balbuciei confuso.

– Por isso não posso falar de lá. Há muitos filhos dos deuses[6] que querem continuar longe dos filhos dos titãs.

Estremeci, completamente estarrecido, afastando-me dele instintivamente.

– Não tenha medo – ele acariciou meu rosto. – Meu pai só está tentando me proteger, por isso quer que eu vá embora. Mas acho que ele gostou de você.

– Devo voltar... – falei trêmulo, meu corpo negando minhas palavras, buscando mais o toque dele. – Antes que sintam minha falta.

Ele assentiu brevemente, seus olhos castanhos claros

5 **Atlântida:** ilha lendária, citada por Platão, que teria afundado em “um único dia e noite de infortúnio”.

6 Segundo o poeta Hesíodo, os homens e animais foram criados pelos titãs Epimeteu e Prometeu, enquanto as criaturas mitológicas eram filhos dos deuses e divindades.

relutantes em se desviar de meu rosto, então me beijou longamente e alçou voo.

– Um semideus... – murmurei perdido em pensamentos.

– O quê? – André perguntou, erguendo a cabeça de seu pergaminho.

– Nada – baguncei seus cabelos afetuosamente.

– Daros – ouvi Aíde me chamar. – Viu a caçadora que apareceu? – ela se encostou à parede ao meu lado.

– Caçadora?

– Veio para falar com a minha mãe. Disse que podia ajudar a capturar o tal pássaro gigante.

Que conveniente, pensei desconfiado.

– Esquisita, se quer saber. Usa uma capa pesada cobrindo o corpo todo, acho que para disfarçar a enorme corcunda nas costas – ela deu de ombros e se foi.

– Continue seus deveres – falei para o menino e, saindo da casa, atravessei o terreno e corri para a floresta.

Retornei aos lugares os quais havíamos estado, procurei-o em todas as cavernas próximas e topos de árvores. Precisava avisá-lo para fugir.

– Emélia! – chamei, como último recurso. – Emélia!

Após algumas tentativas, ela apareceu, linda e etérea como se o tempo não a tivesse tocado desde quando eu era menino, saindo do tronco de uma robusta árvore.

– Daros! – falou angustiada. – A floresta está em alvoroço.

– Minha Senhora está caçando o filho de Eurus! – expliquei rapidamente.

– E não é só ela. Há alguns dias outra alada apareceu, procurando-o. Eurus está furioso.

– Droga! – recordei o que Aíde havia me contado sobre a caçadora. *A corcunda deve ser suas asas escondidas pela capa!* – Acha que pode me ajudar?

Já entardecia quando retornei e vi uma comoção na frente da casa. Uma sensação de derrota me abateu quando, ao me aproximar dos outros servos, vi Hiero dentro de uma imensa caixa de vidro. Ele batia nas paredes e sua boca se movia freneticamente, mas o som era abafado demais para entendê-lo. Impotente, observei sua prisão ser carregada para o depósito.

Pouco tempo depois, o vento começou a ficar mais forte.

Nesta noite, precisamos dormir todos amontoados no salão para suportar o frio e com janelas e portas trancadas na esperança de barrar a ventania, apesar de estarmos na primavera.

No alvorecer do dia seguinte, cansado e com medo após uma noite em claro por causa das tremendas ventanias, segui para o depósito com o intuito de checar se Hiero e as aves estavam bem.

Contendo a ansiedade, alimentei os pássaros que piavam agitados, e só então fui para os fundos onde estava a caixa de vidro.

– Pode me ouvir? – aproximei-me, sentindo meu peito constringir ao ver o semideus encarcerado daquela forma. Aliviado, localizei pequenos furos no teto da prisão para entrar ar.

Ele afirmou com um cabecear, mas continuou sentado, apenas me observando com olhos tristes, provavelmente refletindo os meus próprios. Logo encontrei uma portinhola, apenas grande o suficiente para eu empurrar algumas frutas surrupiadas dos restos do desjejum. Quando enfiei minha mão, ele a tomou, segurando-a com firmeza. Encostei minha testa na divisória e ele fez o mesmo como se tentássemos atravessar o vidro.

– Você queria me ouvir de novo, então... – murmurei, tirando a flauta do cinto.

Ele balançou a cabeça energeticamente e me soltou, acomodando-se o mais perto de mim que podia, e eu fiz o mesmo.

Comecei a tocar conseguindo soar alegre e otimista, para minha própria surpresa. Fiquei aliviado em apagar aquela expressão melancólica de sua face. Todos estariam ocupados demais com os estragos da noite e as paredes de pedra bloqueavam os sons internos, então deixei a música nos acalmar, tentando planejar mais uma vez algum modo de libertá-lo antes que o Deus do Vento nos causasse mais sofrimento. Nenhum pai gostaria de ver seu filho na situação em que estava Hiero.

Entretanto, sabia que logo a Senhora chegaria para a visita diária ao viveiro. Forçadamente, despedi-me dele, ignorando a súplica em seu rosto e a dor em meu peito, e voltei para o lado de André.

Ao entardecer, retornei para, novamente, cumprir minhas obrigações, como fechar as janelas do depósito para proteger as aves do vento noturno e da chuva. Aproveitei a oportunidade para tentar entreter o ser alado com um pouco mais de música.

À noite, a ira de Eurus piorou e tornou-se tempestade violenta. O medo me angustiava e eu sentia uma urgência crescente de agir, mas não sabia o que fazer.

As visitas matinais eram breves, mas as noturnas se alongavam: via-me incapaz de deixá-lo sozinho.

Minha flauta soava, ele cantava lindamente – mesmo que o som saísse amortecido pela portinhola aberta. Descobri, então, que seu encanto apenas funcionava quando sua voz era ouvida claramente. Eu ansiava por abraçá-lo novamente e sabia ser correspondido. Outras vezes, sentava-me ao seu lado para lhe falar sobre qualquer coisa – meu dia, meu passado, meus planos. Ele me assistia com uma expressão de ternura, por vezes tentando me responder, embora fosse cansativo por ter que praticamente gritar para eu ouvi-lo.

Quando não estava com ele, procurava maneiras de abrir a caixa. Tentei bater nela com um pedaço de ferro, martelar as dobradiças e percebi que força não resolveria, aquele não era um vidro comum. Vasculhei a casa inteira em busca da chave, exceto o lugar mais óbvio: o quarto dos Senhores, pois não tinha acesso e não conseguia encontrar oportunidade nem motivo para entrar lá.

As tormentas noturnas tornaram-se monstruosas, levando os telhados, inundando o terreno, destruindo a plantação. Ninguém conseguia dormir, e eu nunca ouvira trovoadas tão fortes.

Perguntava-me se os outros achavam que isso era coincidência, se minha Senhora realmente apenas ignorava os acontecimentos em favor de seus caprichos.

– Isso é castigo dos deuses! – Aíde murmurou próxima a mim logo na terceira manhã, tremendo e de olhos inchados, como de muitos outros. Não era a primeira vez que eu ouvia comentários do tipo, vários servos já começavam a fazer oferendas aos deuses, tão apavorados quanto eu.

– E é mesmo – concordei enigmaticamente, com medo de revelar mais. Nossos olhos se encontraram e torci para ela entender a mensagem.

Todos nós, sem distinção, ocupamo-nos com os estragos da noite. Uma das paredes da casa desabara e o armazém precisava ser reconstruído. Ajudei no que pude e só consegui ir para o depósito, o único lugar a não ser atingido pela fúria do deus, no crepúsculo.

Eu estava exausto e frustrado. Hiero percebeu, pois no momento em que entrei, ele se levantou, preocupado. Ajoelhei-me na frente da gaiola e enfiei a mão pela portinhola. De imediato, o semideus se agachou e entrelaçou nossos dedos. Sentia-me sem chão, todos esses dias de medo e raiva se acumulando estavam me levando a considerar fazer uma loucura. O que eu não daria para acabar com tudo isso?

Puxei minha mão de volta bruscamente e me ergui. Estava na hora de tomar medidas drásticas independente de suas consequências. Tiraria Hiero daqui nem que tivesse de ir contra os meus Senhores. As ninfas me ajudariam.

No momento em que me virei para entrar em ação, a porta se abriu de uma vez. Lá estava Aíde segurando uma chave feita de vidro.

Perplexo, cessei meus passos.

– Afaste-se, Daros – falou seriamente com uma autoridade que nunca vira antes. – Vou soltar essa coisa para que não traga mais desgraças para a minha família. Tape os ouvidos.

– Por quê? – questionei em meio ao meu estupor.

– A caçadora disse que ele lança encantamentos que podem nos obrigar a fazer o que ele quiser. Por isso o prendeu nessa jaula especial, vinda da terra dela – suas mãos tremiam e hesitavam, mas a postura demonstrava pura determinação.

– E a Senhora?

– André a está distraindo.

– Aíde – pousei minha mão sobre as dela, fazendo-a se focar em mim. – Me deixe fazer isso. Volte para a casa. Se for você, será castigada – ela tentou protestar, mas a cortei prontamente. – Eu fugirei. Cuide de André por mim – tentei soar confiante.

Seus olhos se encheram de lágrimas e vagarosamente depositou a chave em minha mão.

– Não vou deixar que ninguém venha até aqui, mas ande logo – ela limpou o rosto e ergueu os ombros. Determinada, fechou a porta.

Hiero estava aflito, acompanhando cada movimento meu. Com cuidado, girei a chave e abri a gaiola, de imediato sendo tomado pelos braços de um homem alado e ansioso. Retornei o abraço agarrando-me a ele, sendo invadido por uma sensação arrebatadora de alívio e alegria por poder senti-lo novamente contra mim. Notei como ele estava fraco e pálido, bem mais frágil do que no dia em que o conheci.

– Vai mesmo fugir comigo? – sua voz era esperançosa. Ele me afastou gentilmente para poder me ver.

Eu não soube o que responder. Meu único pensamento era: temos que fugir. Não queria imaginar o que aconteceria comigo se descobrissem o que eu estava fazendo, seria no mínimo chicoteado violentamente, e, mais importante do que isso, eu precisava levar o semideus para longe dali.

Ignorei sua pergunta e fui até a janela. Verifiquei cuidadosamente se havia alguém por perto antes de pegar a mão de Hiero e puxá-lo para então voarmos até o chão e corrermos até a floresta. Só paramos quando eu estava praticamente arrastando-o. Ele esgotara suas forças em seu estado debilitado.

Deixei-o se encostar-se a uma árvore para recuperar o fôlego, atento a qualquer sinal de perseguição, e foi assim que percebi Emélia surgir bem atrás de nós.

– Não estão sendo seguidos – ela me falou. – Estamos vigiando a floresta como pediu. Há mais alados por aqui, é melhor se apressarem.

– Obrigado – agradeci com franqueza, e me virei para ele. – Deve ir logo para não irritá-los mais. Voe!

– Não, vou levá-lo comigo – declarou completamente sério.

– Não seja ridículo! O povo de Atlantis ficará enfurecido se me levar para lá.

– Então voaremos para longe, nem lá nem aqui.

Suspirei pesadamente, inquieto, querendo ir embora para qualquer lugar, de preferência são e salvo, louco de vontade de ir com ele sem pestanejar, mas sabendo não ser a mais sábia das ideias.

– Você não me deve nada – tentei convencê-lo, mesmo que

me doesse, pois não queria deixá-lo ir. – Pode ir embora sem culpa. Vá!

– Não é culpa nem dever – rebateu calmo. – Nós mudamos a vida um do outro. Não posso ir embora e fingir que nada aconteceu. Não vou deixar você, Daros.

Ele me estendeu a mão, apenas serenidade em seus olhos. Uma sensação cálida me completou e naquele momento eu aceitaria qualquer sugestão vinda dele.

– Talvez algo possa ser feito – Emélia interveio pensativa.

Viramos para ela de uma vez.

– Se Daros não fosse apenas um mortal comum, ele poderia ir para Atlantis? – ela perguntou e Hiero assentiu. – Então toque, querido – comandou-me com doçura.

– Agora? – questionei incrédulo.

Ela fechou os olhos e se ajoelhou.

Troquei um olhar confuso com o homem ao meu lado por alguns segundos antes de me dar por vencido. Toquei a flauta, sem entender o bem que aquilo nos faria. Como sempre acontecia, vi-me absorvido pela música, concentrado no prazer que os sons me ofereciam. Notei que Hiero me acompanhava com sua doce voz e me senti completamente em paz e inatingível. Ele tocou meu rosto e, por um momento, era como se eu não pudesse ver mais nada além dele.

Um brilho ao meu lado me interrompeu, fazendo-me desafinar a última nota. Uma linda mulher apareceu com um grande sorriso. Ela segurava duas flautas.

– Ouvi sua prece – ela olhou para nós três com pura bondade. – Sua súplica foi digna de minha atenção.

– Euterpe[7] – Emélia se levantou, beijando as mãos da mulher. – Obrigada por vir.

Quando ouvi o nome me sobressaltei, enquanto Hiero a reverenciava.

– Entendo que estão com um problema – a musa comentou.

Emélia explicou a nossa situação.

– Vocês formam uma bela dupla. – Euterpe contemplou a nós dois com um sorriso amável. – Juntos, sua música é divina. Em respeito ao seu pai – virou-se para o semideus –, seu amor pela arte que pratica tão bem – olhou para mim, e senti

7 Musa da música dentre as nove da mitologia grega.

um nó se formar em minha garganta – e pelo que sentem um pelo outro, vou dar-lhes a chance de ficarem juntos.

Hiero segurou minha mão com firmeza e aguardamos com a respiração presa.

– Você será aceito na casa dos filhos dos deuses, Daros, como um filho meu. – Ela se concentrou em mim. – Continuará sendo um humano, mas será meu protegido; sua vida será longa, contanto que traga alegria às pessoas à sua volta com o seu dom. – Ela pegou minha flauta e encostou-a em sua boca, numa bênção. – Nunca se esqueça do que sua música te trouxe, deverá sempre merecer a sua graça.

Fiquei completamente sem reação. Não sabia o que significava ser adotado por uma musa, mas era muito mais do que poderia imaginar. Sussurrei um "muito obrigado" com a voz embargada tentando me decidir se ajoelhava, se lhe fazia uma oferenda ou... Ela acabou com a minha indecisão, encostando delicadamente os lábios em minha testa.

– Entretanto... – Euterpe continuou. – Se um dia pisarem no solo de Atlantis, nunca mais poderão sair, pois jamais deverá ser revelado que lá vive um filho dos titãs. Os alados não os incomodarão mais.

Senti minha mão ser apertada e o homem ao meu lado sorriu para mim.

– Não importa – ele falou. – Temos o mundo para nós. Atlantis pode esperar.

Jamais poderia me arrepender de minha decisão sabendo como Aíde teria sofrido se tivesse girado aquela chave em vez de mim. Também sentiria falta de André e não podia negar que minha vida antes não era de toda ruim.

Contudo, enquanto decidíamos para onde ir, compreendia estar sendo abençoado com um recomeço: iria aceitar que o mundo tinha mais a me oferecer e encontraria com ele um lugar para mim, para nós. Naquele instante, agradeci aos céus por ter me dado alguém para amar e estar ao meu lado.

Em harmonia.[8]

8 Agradecimento: Obrigada a Illyana HimuraWakai pela motivação, paciência, dedicação, apoio e, principalmente, pela amizade!

Parceiros no Crime

Ana Lúcia Merege

Minha musa vai cair em tentação.

Mesmo porque estou falando grego com sua imaginação.

(Chico Buarque/Edu Lobo, Choro bandido)

– Olá, menina! Quer jantar? Temos a melhor comida de Atenas!

A voz era sonora, o inglês com um sotaque bem carregado. Dirigia-se a mim, mas não foi o convite que me fez parar e sim o ruído de louça se espatifando. Alarmada, baixei a câmera e me voltei – bem a tempo de ver o homem baixo e robusto quebrar mais um prato.

– Bem-vinda ao Sileno's! – saudou. Agradeci, mas tive de dizer que já havia jantado, o que era verdade: após deixar minha mochila no Albergue da Juventude, tinha devorado um enorme *souvlaki*, o churrasco grego original. Era tudo que cabia no meu orçamento.

– Não faz mal! Fica para outro dia – disse o homem. – Todos acabam regressando à Plaka!

Seu braço descreveu um círculo, abarcando tudo num raio de quilômetros. Concordei, pois ele tinha razão: naquela cidade cheia de ruínas solenes, o bairro comercial era uma atração à parte, um labirinto onde os turistas pechinchavam em todas as línguas. Por outro lado, também havia rotas culturais, inclusive monumentos antigos como a Torre dos Ventos. Eu pretendia mesmo visitá-la no dia seguinte. Agora, porém, queria relaxar, andar à toa pelas ruas, fotografar sobrados e floreiras. Talvez até bisbilhotar as lojinhas. Afinal, olhar não tira pedaço.

Já esbarrar – mesmo de leve – era outra história.

Enquanto, nos restaurantes, a tradição era quebrar pratos,

as lojas da Plaka punham coisas frágeis perto da entrada. Muitas ficavam em subsolos e eram acessíveis por degraus cobertos de vasinhos, deixando livre um espaço de poucos centímetros. O aviso "quebrou, pagou" estava sempre à mostra. Mesmo assim, desci algumas escadas antes de concluir que as mercadorias não variavam: réplicas de ânforas, canecas e camisetas *I Love Greece*, sem falar no onipresente "olho grego" feito de vidro azul. Nada criativo ou, ao menos, que tivesse um diferencial.

Foi então que reparei naquele lugar.

A porta aberta dava para um subsolo, com a escada livre. Lá embaixo, vitrines exibiam peças de cerâmica, e desci pensando que se tratava de uma loja descolada. Ou então a mostra de um artista local, o que, como estudante de Belas Artes, eu acharia o máximo. No entanto, mudei de ideia assim que vi de perto as peças expostas, pois eram muito antigas, talvez do período clássico. As mais bonitas eram os *pyxis* – caixas com tampa usadas para guardar cosméticos – mas também havia ânforas, frascos e vasos decorados com figuras femininas. Tive vontade de comprar um, mas mesmo que pudesse pagar, sabia que não estariam à venda. Peças assim não se encontravam nas lojas e sim nos museus.

Enquanto eu refletia, uma porta se abriu no fundo da sala. De lá saiu um grandalhão de camisa marrom, talvez um segurança. Ia dirigir-me a ele quando um rapaz desceu correndo pela escada.

– *Kalispera*! – saudou. Era bonito, com olhos expressivos e um riso no canto da boca. O cabelo saía em cachos pretos de um boné e o nariz... bom, eu não devia descrever ninguém nesse país como tendo um "nariz grego". Mas o dele era um exemplo perfeito.

O segurança respondeu com um resmungo, olhando-me de cara amarrada. O rapaz não se importou. Ao contrário, dirigiu-me um sorriso maroto e piscou antes de voltar à conversa. Parecia se tratar de um negócio e o acertaram rápido, pois logo o rapaz abriu a bolsa que trazia a tiracolo. Pôs-se, então, a procurar alguma coisa lá dentro, algo que devia interessar muito ao de camisa marrom, pelo jeito como acompanhava os gestos do outro. Era um olhar tão cobiçoso que até eu fiquei curiosa. Não que fosse da minha conta. Porém, que mal podia haver em chegar um pouco para o lado, enquanto admirava as vitrines, e dar uma discreta espiadinha na...

– *Woman! Stop!* – ordenou uma voz ríspida atrás de mim, ao mesmo tempo em que um cão ladrava alto na rua. Quando me virei, dei de cara com um homem imenso, barbudo e de camisa cinza. Ele me olhava com uma raiva inexplicável, visto que eu não tinha feito nada, mas achei melhor não discutir e apenas recuei para a saída.

Foi então que o enorme cão negro saltou sobre minhas costas.

Não posso dizer que me machucou, mas, além do susto, ele era pesado o bastante para me fazer perder o equilíbrio. Dei uns passos desajeitados, tentando não me estatelar, e acabei me agarrando aos braços do rapaz. E talvez pelo impacto, talvez pela força com que o apertei, ele soltou o objeto que retirara da bolsa, permitindo-me um vislumbre em dois momentos.

No primeiro: uma caixa que se abriu no ar, deixando cair um líquido cor de âmbar.

E no segundo – é claro – um monte de cacos.

Endireitei-me assim que pude, em pânico, pois não tinha como pagar o prejuízo. No entanto, uma olhada para Cinza e Marrom me fez compreender que esse era o menor dos meus problemas. Eles estavam pálidos, as feições imóveis enquanto contemplavam os cacos, mas suas mãos se crispavam como garras, e mal tive tempo de saltar para trás antes que se recobrassem do choque e avançassem sobre mim.

– Que é isso? Parem! – protestei, fugindo de uma segunda investida. Isso me levou para mais perto da escada, mas o cachorro estava no caminho e ladrava feito um louco. Cercada, só pude recuar para junto do rapaz, pensando que talvez me ajudasse a sair viva dali.

E foi o que ele fez. De repente, seus braços estavam ao meu redor, levantando-me como se eu fosse uma pluma. Gritei, assustada, e me agarrei ao seu pescoço, e só então percebi que seus pés flutuavam sobre o chão. Os grandalhões se atropelaram tentando agarrá-lo, mas ele passou por cima das vitrines e subiu em direção ao céu. Ainda ouvi os gritos dos homens e o latido do cão, o único a sair da loja e presenciar nosso voo sobre as ruas da Plaka.

Era uma cena digna de Peter Pan – mas o rapaz de nariz grego estava longe de ser um menino perdido. Pelo contrário, sabia muito bem quem era, e eu também descobriria assim que se voltasse para mim.

Pois ao fazê-lo ele sorriu, como os deuses sorriem para as mortais.

E antes que o choque me fizesse perder os sentidos pude ver, de cada lado de suas sandálias, uma asa se abrindo para o céu noturno.

Despertei em meio ao aroma de azeite e vinho. Tinham-me deitado num sofá, numa sala desconhecida, mas a voz que me saudou era familiar.

– Ora, ora. Eu sabia que voltaria à Plaka.

– Sileno? – arrisquei, lembrando o nome do restaurante.

– Eu mesmo. – O rosto bochechudo se abriu num sorriso. – Você desmaiou, e Hermes a trouxe para cá enquanto ia tratar da dívida. Sinta-se em casa.

– Obrigada. – Sentei-me, tentando raciocinar. – De que dívida está falando?

– Da sua, é claro. Com o Mundo Inferior. Você não quebrou um *pyxis* de Perséfone?

– Pe-Perséfone? – balbuciei, sentindo o chão fugir sob os meus pés. – Eu não sabia que...

– Pode deixar! Eu explico a ela – disse Hermes, entrando na sala.

Fitei-o, a respiração suspensa. Era difícil acreditar que tinha um deus à minha frente, um mito que conhecera na infância por meio de recontos e desenhos animados. Nos anos seguintes, eu havia lido bastante sobre Mitologia, mas nada que houvesse me preparado para isso. Um encontro, cara a cara, com o mensageiro do Olimpo? E uma dívida... Com o *Mundo Inferior*?

– Sei que está assustada, Camila – disse Hermes, em tom gentil. – Mas vai dar tudo certo. Prometo.

– Você sabe o meu nome – murmurei.

– Bem, você sabe o *meu*, não é? – sorriu ele. Só então me dei conta de que falava em português, o que era natural, sendo Hermes o patrono das viagens e da comunicação. Provavelmente conhecia todas as línguas.

– Traga algo para comermos – pediu ele a Sileno, em inglês, para que ambos entendêssemos. – Camila precisa de explicações.

– Preciso mesmo – disse eu. – Em primeiro lugar, quero saber por que estou metida nisso. Eu sou, hum, alguma coisa diferente de uma pessoa mortal? Filha de um deus ou algo assim?

– Não, e você tem lido bastante – riu Hermes, sentando-se a meu lado. – Vou tentar explicar. Nós temos nossos próprios reinos, mas podemos visitar o seu. Alguns até vivem aqui, como Sileno. Em contrapartida, às vezes, por exigência do Destino ou por acaso, mortais como você penetram em nossos domínios. Isso causa transtornos, por isso há séculos existe uma proteção: quando os olhos de um humano caem sobre nós, um véu se desdobra, fazendo-o enxergar não o que existe, mas o que espera ver. Foi assim que você pensou estar numa loja quando, na verdade, era um aposento do palácio de Hades.

– Então aquele cão era o... Cérbero, o guardião do Mundo Inferior? – perguntei, tão nervosa que nem esperei a resposta. – E aqueles caras grandes? São mortos-vivos?

– O nome é *biaiothanatoi*. São guerreiros que tiveram morte violenta e estão sempre com raiva. Tentando ensinar-lhes a virtude da paciência, Perséfone os mandou zelar por seus vasos, frágeis e preciosos. Ela os coleciona há milênios. Recentemente, porém, emprestou uma caixa a Hera, e quando fui devolvê-la...

– Ficaram furiosos – suspirei. – Posso entender.

– Então, também sabe por que a tirei de lá – disse Hermes. – Eu poderia ter deixado o caso nas mãos dos guardiões, mas como agir assim com uma jovem tão talentosa quanto Camila Vasques?

Ele piscou, daquele jeito cúmplice, e passou o braço pelas minhas costas. Senti meu rosto esquentar, mas não me afastei. Felizmente ou não, Sileno entrou com uma bandeja, e, enquanto comíamos, Hermes contou o que fizera em relação à minha dívida.

– Eu falaria com Perséfone, mas nessa época do ano ela vive com a mãe. Por isso me dirigi aos juízes, Eaco, Minos e Radamanto. Expliquei a situação, e eles decidiram lhe dar três provas a fim de ter sua dívida perdoada.

– Três provas – repeti, sentindo um frio no estômago.

– Pelo menos não são doze, como as de Héracles. E eu vou ajudá-la. – Pôs a mão em meu braço, e o frio se transformou em calor. – Quanto a você, Sileno, também pode ser útil, pois os juízes não foram claros. As provas estão contidas em um enigma. E você costumava ser bom nisso.

– Sou mesmo – gabou-se o taverneiro. Hermes limpou a garganta e recitou:

– "Aquele que guia o arauto do futuro levará a jovem a um tesouro. Então, na morada de Éolo, os lábios de um deus lhe abrirão os portais".

– Eu sei! – exclamou Sileno. – Sei o que é a morada de Éolo. Ele é o senhor dos ventos, portanto o enigma se refere à Torre erguida por Andrônico.

– A Torre dos Ventos! Deve ser isso – concordei, mas meu entusiasmo durou pouco. – Só não sei o resto. O arauto, por exemplo. Seria você mesmo, Hermes?

– Sou um arauto – ele concordou – mas não do futuro. Não possuo o dom da profecia, como meu irmão Febo. Ou como... Sim, é claro! *Tirésias*! – exclamou, voltando-se para Sileno. – Tem visto o velho por aqui nos últimos tempos?

– E como! – riu o taverneiro. – Hoje mesmo ele estava junto ao Lisícrates, advertindo as pessoas que passavam. Mas ninguém o levava a sério.

– Nós levaremos. Quem previu o destino de Édipo e Narciso deve saber decifrar um enigma – afirmou Hermes. – Você também vem?

– Adoraria, mas preciso cuidar dos negócios – lamentou Sileno. – Boa sorte, Camila... se bem que, com um aliado como esse, nem vai precisar! – Ele sorriu, afagando a barba, e beijou minha mão antes de sairmos.

Após atravessarmos a cozinha, barulhenta e cheirando a ervas exóticas, me vi na rua, acompanhada por ninguém menos que o mensageiro dos deuses. A ideia era de tirar o fôlego, mas, por outro lado, ele agia de um jeito tão natural que eu podia imaginá-lo como um rapaz comum, pisando as ruas da Plaka com sandálias desprovidas de asas.

E se não fosse a dívida, o tempo todo me fazendo lembrar

quem ele era, seria fácil deixar meus pensamentos sobre Hermes irem mais além.

O monumento a Lisícrates ficava perto da Acrópole. Erguido por ocasião de um festival de teatro, fora o único desse tipo a restar na Plaka, por isso muita gente passava por ali para vê-lo. Ainda assim, não demorei a reconhecer Tirésias: um velho metido num terno justo, com olhos solenes embora cegos. Ele saudou Hermes assim que nos aproximamos e estendeu a mão para tocar meu rosto.

– Camila – disse, e acrescentou alguma coisa em grego.

– Ele disse para pensar bem ao negociar com o Reino das Sombras – traduziu Hermes. – Mas já fiz isso.

– Talvez ele saiba algo que ainda não sabemos – sugeri, e me voltei para Tirésias. Foi quando uma visão inesperada me fez agarrar o braço de Hermes.

– Cérbero! – exclamei, minha voz soando abafada ao apontar para o cão. Era sem dúvida o mesmo animal, embora parecesse menor do que antes. Menor e mais amistoso, lambendo as mãos do profeta. Velhos conhecidos?

– Este não é Cérbero e sim Agapeton, o cão-guia de Tirésias – disse Hermes, encabulado. – Desculpe não ter desfeito a confusão, mas você emendou a pergunta com outra.

– Mas ele... também entra no Reino dos Mortos? – balbuciei, ainda me refazendo do susto.

– Sim, claro. É onde está seu amo, assim como todos os mortais que concluíram seu tempo sobre a Terra. Mas alguns têm permissão para circular no mundo dos homens.

Alheio à conversa, Tirésias disse algumas frases que incluíam meu nome. Franzi a testa e Hermes também, mas uma breve troca de palavras acabou com sua dúvida.

– Você não vai acreditar! – exclamou. – Quando Agapeton saltou sobre você, era por estar à sua procura. Tirésias o havia mandado, pois sabia que ele fazia parte do enigma: é o cão que guia o profeta, ou seja, o arauto do futuro. Incrível, não?

Assenti, sem conseguir pronunciar uma palavra. Um deus, os juízes dos mortos, um profeta e agora um cão – as coisas se encaixavam de um jeito surreal, como num livro ou num filme. E tudo era muito rápido. Nem tive tempo de refletir antes que Agapeton saltasse à nossa frente, mostrando por meio de latidos que devíamos segui-lo.

Entramos numa rua secundária, com sobrados e uma única loja de aspecto modesto. O cão parou diante dela, mas nos impediu de entrar. Em vez disso, abocanhou a alça da minha bolsa e me puxou para uma banca externa, repleta de quinquilharias.

– Tudo tem o olho grego – constatei. – Será que devo...

– Encontrar um tesouro – assentiu Hermes. – Deve haver uma joia escondida aí.

– Onde? – murmurei, remexendo o monte de bugigangas. O exame inicial descartou os chaveiros *made in China* e os terços de contas plásticas, reduzindo as possibilidades a uma dezena de colares elegantes. Achei que um pouco mais de luz ajudaria e lancei mão de um dos objetos postos de lado: uma lanterna fina como um lápis, com o olho grego pendente de uma correntinha. Ela permitiu um exame mais detalhado, mas criou um novo problema. Pelo menos para Hermes.

– Nenhuma joia de verdade – disse ele. – Tudo aqui é vidro e metal pintado.

– E o que faremos? – perguntei, aflita.

– Calma! Vamos achar uma solução. Talvez haja alguém que...

– Com licença, sinto muito, mas vamos fechar – disse, em inglês, uma mulher que acabara de surgir à porta da loja. Seus gestos eram lentos, dando-lhe um ar circunspecto, uma impressão que se desfez tão logo ela viu a lanterna.

– Não acredito! – exclamou, precipitando-se para recuperar o objeto. – Minha lanterninha! Onde estava? Eu procurei durante semanas!

– Bom... Estava nesta banca – respondi. – Pensei que estivesse à venda.

– De jeito nenhum! Alguém pôs aí por engano, essa lanterna eu não vendo – declarou a mulher. – Foi minha irmã que me deu antes de ir morar em Nova York. Somos muito ligadas, sabe? Então, mesmo sendo uma bobagem, a lanterna tem muito valor pra mim.

– É claro! Não precisa se desculpar – repliquei, olhando para Hermes. Para meu alívio, ele fez um sinal afirmativo, mostrando que pensava o mesmo que eu. Podia não ter sido o que esperávamos, mas, ainda assim, de certa forma, *havíamos* achado um tesouro.

Agapeton se pôs a latir, sinal de que devíamos segui-lo. Pensei que nos levaria à tarefa seguinte, mas, passando perto do monumento a Lisícrates, ele correu ao encontro do dono. Hermes agradeceu de longe e fomos andando rumo à Ágora Romana, onde, segundo o palpite de Sileno, encontraríamos a morada de Éolo.

Eu tinha lido sobre a Torre dos Ventos, mas a imaginava mais alta que seus doze metros. Mesmo assim, era uma construção imponente, em formato de octógono, cada face enfeitada por um friso representando os ventos. Bóreas, do norte; Euros, do leste; Zéfiro, do oeste...

– Deve ser aqui mesmo – declarei, mas meu ânimo esfriou ao ver a entrada da torre. – Só que a porta está fechada.

– Bom, talvez não seja preciso ir *lá dentro* – replicou Hermes, com um sorriso travesso. – Que tal subir?

– O quê? Mas como eu vou... – comecei, antes que um susto me cortasse a fala. Sem um aviso, ele tornara a me enlaçar e se elevava em direção à torre. Senti meu corpo se retesar, depois amolecer, mas consegui evitar um novo desmaio.

Talvez por isso a sensação tenha sido tão diferente.

O voo deve ter levado segundos, mas pareceu durar bem mais. Também deve ter sido em linha reta, no entanto eu me senti girar, dançar com Hermes ao sabor dos ventos, aqueles éolos brincalhões que agitavam seus cabelos. Ele atirou a cabeça para trás, sua risada enchendo de energia o ar à nossa volta. Abracei-o, pois não podia nem queria resistir a esse impulso. Também não tentei explicá-lo, pois vinha de um deus, e não se pode explicar os deuses. Eles simplesmente são.

Suaves, as sandálias aladas tocaram o alto da torre. Desprendi-me o suficiente para encará-lo e tentei falar, mas as palavras se recusaram a sair. Foi Hermes quem acabou quebrando o silêncio.

– As provas vão chegando ao fim. O guia do profeta, o tesouro, e estamos na morada dos ventos. O que faltou?

– Faltou os portais se abrirem. – Estremeci, lembrando o fim do enigma. – Só que nem sei quais são. Talvez, se descêssemos...

– Não – disse ele, com urgência. – Não, Camila, você não deve pensar na porta da torre ou em outra qualquer deste mundo. Não percebe o quão perto se encontra de erguer o véu? Mais ainda, de adentrar o reino dos deuses?

– O... o Olimpo? – Meu coração disparou à simples idéia.

– Talvez. Vamos descobrir juntos – replicou Hermes. – Lembra-se das palavras? "Os lábios de um deus lhe abrirão os portais".

Uma pausa, e acrescentou com um sussurro:

– Não vou deixar que esses lábios sejam de outro – disse ele, e no momento seguinte nossas bocas se uniram num beijo que mexeu com todos os meus sentidos. Mais do que isso: com minha consciência. Porque, à medida que nos beijávamos, eu tinha cada vez mais forte a impressão de que me deslocava, que era puxada como uma planta pelas raízes, que a Plaka, a Ágora e tudo que existia ao meu redor se dissolvia como tinta em aguarrás. Em seu lugar surgiu uma planície coberta de relva, sobre a qual se erguia um pórtico de colunas negras. Os portais do Olimpo, talvez... ou os de algum outro reino, não me preocupei em saber. Não enquanto estivesse nos braços de Hermes.

– Camila – eu o ouvi murmurar. Como a paisagem à minha volta, ele havia mudado, a começar pelas roupas – um manto curto, uma túnica, um gorro dotado de asas – mas também de outra forma, algo que vinha de dentro para fora e se irradiava como uma aura. Isso me atraía como um ímã, e eu ia beijá-lo de novo quando percebi a súbita mudança em sua expressão.

– O que houve? – perguntei, mas Hermes não respondeu. Segui seu olhar, que se voltara para o pórtico negro, e gelei diante da visão que se delineava entre as colunas.

A princípio achei que fosse um dos guerreiros mortos, mas logo percebi meu erro. Tinha que ser alguém mais importante. Majestoso em seu manto cor de sangue, ele veio até nós, o rosto pálido em contraste com a barba negra, e sua aparência combinada à ansiedade de Hermes bastou para eu saber de quem se tratava.

– Senhor Hades – murmurei, e o instinto me fez inclinar a cabeça. Hades pareceu gostar disso, mas não respondeu, apenas lançou a Hermes um olhar incisivo.

– É uma surpresa vê-lo, tio. – O jovem deus engoliu em seco. – Na verdade, é uma surpresa ver-me aqui. Não sei se está a par, mas seus juízes me fizeram crer que...

– Oh, sim, estou a par – interrompeu Hades, e dessa vez me surpreendi comigo mesma, pois entendia o que era dito em grego. – Sei tudo que se passa em meus domínios. Os juízes o receberam com meu consentimento, e, se o enigma se encaixou aos seus desejos... Digamos que gosto de rir por último.

Ele ergueu uma sobrancelha, o que devia ser uma risada, embora nada contagiante. Ainda mais por ser às custas de Hermes. O que eu teria feito sem sua ajuda?

– Você está certa nesse ponto. – Era o que faltava: Hades podia ler meus pensamentos. – Não fosse Hermes, ficaria em meu reino para sempre. E não se pode negar que ele ajudou vários mortais no passado. Por outro lado, não teria ido tão longe se não estivesse enamorado de você, a ponto de suplicar a meus juízes uma prova que os aproximasse.

– Suplicar? – Desconcertada, voltei-me para Hermes. – Você sabia resolver o enigma desde o início?

– Juro que não – disse ele, sério. – Isto é, não sabia do tesouro e do arauto. A torre era óbvia. Mas o final, sim, esse foi acrescentado a meu pedido. Espero que não me despreze por isso. Foi só que, no momento em que a vi...

– Tudo bem! Não precisa explicar – murmurei. – Eu entendo. E não o desprezo.

– Talvez devesse – observou Hades. – Ele mentiu para você.

– Não foi bem isso. Ele armou uma situação para ficar comigo. Aliás, o senhor já fez o mesmo – ousei dizer. – O senhor deu a Perséfone uma romã, sabendo que, se a comesse, ela seria obrigada a permanecer em seu reino.

Hades franziu as sobrancelhas e ficou ainda mais pálido. Achei que seu próximo gesto seria me fulminar, mas, para meu alivio, ele era justo o bastante para reconhecer um bom argumento.

– Vejo que sabe um pouco sobre nós – disse, depois de um instante. – É verdade, lancei mão de um ardil para ter Perséfone, mas não é isso que reprovo em Hermes. Ele lhe disse que a caixa continha a ambrosia servida nos banquetes do Olimpo?

– Não – respondi, surpresa. – Só disse que foi emprestada a Hera.

– E devolvida com um presente para os guardiões – replicou Hades. A retribuição seria uma ânfora do meu melhor vinho.

– Foi uma barganha inocente – murmurou Hermes. – O senhor nunca se importou com essas coisas.

– De fato. E deixaria essa passar também, não fosse pela caixa, pois isso irá aborrecer Perséfone. Sabe o quanto ela preza sua coleção de cerâmicas?

– Sei, tio. E peço perdão, ao menos para Camila – disse Hermes, segurando minha mão. – Pode exigir de meu pai que eu seja punido, mas deixe-a ir.

– Sem você? Não – exclamei, num impulso. Ele me olhou alarmado, mas eu tomara uma decisão e não voltaria atrás. Ainda que precisasse de toda a minha coragem para enfrentar Hades.

– Tirésias previu que iríamos negociar – falei, tentando me manter firme. – O que deseja?

– O que você pode me dar ? – retrucou ele. – Sua alma? Tenho muitas. Sua beleza? Para mim só existe Perséfone.

– De quem, aliás, era o *pyxis* – rebati, ao que Hades me olhou com mais atenção.

– Ah, então você sabe como se chama. – disse. – É um bom começo.

– Sei um pouco mais – prossegui, encorajada. – Uma vez Perséfone enviou uma caixa contendo um pouco de sua beleza a Psiquê. Devia ser entregue a Afrodite, mas Psiquê a abriu e caiu num sono profundo.

– Sim, eu me lembro – disse Hades. – Essa é a peça mais valiosa da coleção, pois pode conter o sopro e a essência dos deuses. Já a que se quebrou é a que mais deixa o palácio, pois a usamos para trocar mensagens. Ou *usávamos*, até minha esposa a emprestar a alguém que encarregou um trapaceiro de devolvê-la.

– Eu não sabia – disse Hermes, acabrunhado. – Pensei que fosse um *pyxis* sem importância.

– E era. Mas não para nós.

– Ele os fazia pensarem um no outro, nos meses em que vivem separados, não é? – perguntei, uma ideia começando a surgir num canto de minha mente. – Era simples, mas valioso para vocês, como a lanterna que encontrei naquela loja.

– Parece que aprendeu alguma coisa com as provas – disse Hades, seco. – Sim, em resumo é isso mesmo, mas dessa vez o objeto está perdido.

– E se eu o substituísse? – contra-ataquei. – Se conseguisse outra caixa que fizesse Perséfone se lembrar do senhor?

– Você? – fez ele, franzindo a testa. – Uma mortal?

– Os mortais podem ser surpreendentes. O senhor não costuma visitar o nosso mundo, não é? Sabe o que temos feito nos últimos séculos?

– Não, nem me interessa – disse Hades, como eu esperava. – Perséfone tem contato com seu mundo quando está com a mãe. Mas, no que me diz respeito, os mortais só passam a existir quando descem da barca de Caronte.

– Então, toda a arte que o senhor conhece é semelhante à das *pyxis* – tornei, com astúcia. – De milênios atrás.

– Onde quer chegar, Camila? – perguntou Hermes, sem conter a curiosidade. Hades o ignorou e continuou a me fitar, como se lesse até as entrelinhas da minha mente. Por fim, ponderou:

– O *pyxis* pertenceu à minha esposa durante séculos, mas era obra de um mortal. Por ele, é justo oferecer outro objeto vindo de seu reino. Porém, o que compensará o valor das lembranças?

– A arte. – A resposta foi espontânea. – Vou usar máquinas, mas principalmente meu talento. Sei que não é como o dos deuses, mas...

– Mas é seu melhor dom – disse Hades. – Eu sei. E lhe darei uma oportunidade. Contudo – acrescentou, antes que eu agradecesse – a dívida só estará paga se o artefato agradar a Perséfone. Hermes ficará aqui até sabermos sua opinião, e, se ela não gostar, é ele que vai se responsabilizar diante de Zeus. Pelo *pyxis* e pelo roubo da ambrosia.

Vinda de Hades, essa parecia uma ameaça terrível, e por um momento abalou minha convicção. Talvez Perséfone não gostasse do meu trabalho. No entanto, mal começara a me afligir com isso quando Hermes pousou as mãos em meus ombros.

– Você vai conseguir – afirmou. – A arte é a sua essência. É o que a torna tão especial, Camila Vasques.

Ele sorriu, e o ar se encheu de uma energia que renovou minhas forças. Se o mensageiro dos deuses confiava em mim, eu também devia confiar. Deixei para mais tarde a vontade de beijá-lo e me voltei para Hades.

– Perséfone vai gostar – assegurei. – Mas, para isso, preciso que me conceda outro favor.

A feira de produtos orgânicos não poderia ser mais longe da Plaka. Ficava nos limites de Atenas, e eu acharia difícil chegar lá sozinha. Felizmente, não precisei, pois pude contar com a ajuda de um certo taverneiro.

Sileno se mostrara um amigo formidável. Tão logo Hades me devolveu ao reino dos mortais, fui procurá-lo e ele fez questão de me acompanhar nos vários lugares que visitei para poder criar o *pyxis* de Perséfone. Agora me levava ao seu encontro, guiando-me por entre as bancas que ofereciam verduras sem agrotóxico e vinho da região. Tudo com as bênçãos de Deméter.

E, no verão, também as de sua filha.

Se é verdade que no amor vale tudo, Hades tinha uma boa justificativa para o que fez. Perséfone não era apenas bonita: era *luminosa*, uma daquelas pessoas junto das quais o mundo parece melhor. De saia indiana, os cachos negros caindo soltos sobre os ombros, ela me recebeu com um abraço e me encorajou quando hesitei em contar minha história. Saiu um pouco atrapalhada, pela emoção e pelo receio que eu ainda sentia, mas *saiu*, e ao terminar passei às suas mãos o *pyxis* embrulhado para presente.

– Isto é o que prometi como compensação – expliquei.

– Ah, não precisava – disse ela, mas já rasgava o papel feito criança. – Não sei por que Hades exigiu... Oooooh! Não acredito! – Levou a mão à boca, os olhos brilhando. – É *ele*! Como conseguiu um retrato tão fiel?

– Bom... Ajudou ter uma câmera – respondi. Perséfone assentiu sem me olhar. Estava fascinada pelo presente: um *pyxis* conseguido por Sileno com o melhor ceramista de Atenas, no qual, após dezenas de tentativas, eu reproduzira a foto de Hades. Não era uma pintura perfeita, mas captara a dobra irônica no canto da boca e o brilho dos olhos. Isso a deixou mais próxima do modelo do que qualquer trabalho executado em milênios.

– Ficou maravilhoso – disse Perséfone, para meu alívio. – Você é muito talentosa. E teve uma ótima ideia. Acredita que nunca pensei em tirar uma foto dele? É que isso só existe há menos de dois séculos, e estou tão acostumada a vê-lo rejeitar os artefatos humanos.

– Ele relutou em se deixar fotografar – admiti. – Mas tinha me prometido uma oportunidade, e eu disse que isso era necessário para o novo *pyxis*.

– Genial – riu Perséfone. – Camila, você combina mesmo com Hermes. Dois espertalhões!

– E por falar nisso – arrisquei –, se Hades sempre cumpre suas promessas e você gostou do *pyxis*, Hermes deve estar livre, não é? Eu vou vê-lo de novo?

– Mais do que imagina – disse, atrás de mim, a voz que eu já conhecia tão bem. Voltei-me, o coração aos saltos, e ali mesmo me encontrei nos braços de Hermes, do meu querido deus trapaceiro, agora devolvido à aparência terrena.

– Você conseguiu – murmurou ele, junto ao meu ouvido. – Obrigado por me tirar daquela encrenca.

– Ainda não acabou. Também quero uma pintura minha – avisou Perséfone. – Prepare-se, Camila, pois vai tirar muitas fotos quando nos reencontrarmos. Agora, fiquem um pouco a sós, sei o que é sentir saudades.

Ela nos beijou em despedida e foi se juntar a Sileno, que observava a cena de longe, com um copo na mão. Hermes e eu nos fitamos, depois sorrimos, num entendimento que não precisava de palavras. Como na Torre, só queríamos estar um com o outro. Pelo menos por enquanto.

E o que viria depois? As lendas atribuíam muitas amadas a Hermes e pelo jeito eu era uma delas, o que podia ser passageiro, mas isso não seria diferente se ele fosse mortal. Se durasse algum tempo, ele teria mais facilidade do que qualquer outro de me visitar no Brasil. E ainda poderíamos ter um final feliz a longo prazo, como Eros e Psiquê. Tudo era possível.

E, de qualquer forma, seria maravilhoso.

Uma nuvem encobriu o sol, lançando sombras sobre o rosto de Hermes. Mais uma vez, era fácil imaginá-lo como um rapaz comum, que eu podia olhar de igual para igual. Alguém para amar, rir, brigar e fazer as pazes. Sobretudo partilhar a aventura que eu sempre quis que houvesse em minha vida.

E talvez também algumas encrencas. Mas saberíamos nos livrar delas. Afinal, éramos uma boa dupla.

Nem os deuses poderiam negar.

Rofia, o devoto

Adrianna Alberti

Manuscritos encontrados em ruínas de um minúsculo templo encravado nas montanhas da Ilha de Tasos, Grécia.

Não há uma noite sequer em que não sinta sua presença, espreitando nas sombras, um sussurro no vento. Seu perfume adocicado impregnado nas flores que desabrocham. Não há uma noite em que eu não sinta falta de sua pele delicada, de seus olhos misteriosos e de seus mistérios indecifráveis.

Penso se tudo não seria mais fácil, se meu encontro, naquela noite sem estrelas, tivesse ocorrido com Afrodite em vez *dela*. Preferiria ter me encontrado com a bela deusa do amor e me enredado em seus longos cabelos cor de amarelo-açafrão. Testar a minha audácia ao tocar sua pele suave. Profanado, com seu consentimento, aquele corpo divino e satisfazer os caprichos.

Não quero dizer com isso que após o ato eu não teria me consumido em arrependimento por ter me oferecido a uma deusa. Venho de um tempo antigo emque os deuses eram realmente respeitados em sua divindade. Imagine! Deitar-se com uma deusa, ainda hoje, me faria sentir como o maior pecador, aquele que ousou se ver nos braços de uma entidade tão poderosa. Porém, não foi Afrodite que eu vi.

Há tanto tempo não a vejo. Foi em uma noite dessas que ocorreu nosso primeiro encontro, e foi também em uma noite assim que a vi pela última vez. Uma noite silenciosa, sem nuvens nem estrelas, com o céu completamente negro, não fosse a Lua em seu sorriso malicioso nos observando lá do alto. Eu sei que em noites assim ela passeia distraída, caminhando entre as pessoas, inspirando as mentes femininas mais aguçadas.

Sou Rofia, o das histórias que contam nos festivais de minha amada Senhora da Noite. Deixo escrita nossa história apenas para que outras pessoas, quem sabe depois de nossos netos, e dos netos dos nossos netos, possam conhecer, aquele que foi o único ser humano amado por Hécate. Eu nasci em um tempo muito antigo, muito antes de Alexandre, o Grande, e se hoje estou vivo é apenas por causa dela.

Eu era muito jovem quando a conheci, um garoto inocente que não tinha sequer pelos pelo corpo. Não sabia nada sobre a vida ou o mundo. Minha vida se resumia a cuidar dos animais que a minha família criava.

Em meu tempo ainda existiam tribos, e a minha vivia em uma região acalentadora da Trácia, entre o Rio Nestos e a Ilha de Tasos. Era uma vila construída de pedras e madeira, cercada por uma vasta floresta de amendoeiras. Contavam os velhos que éramos descendentes de Filas e Demofoonte, filho de Teseu, e que as amendoeiras tinham nascido do corpo da própria Filas, que se jogou ao mar de tristeza pela partida de seu amado. Em determinada época do ano, juntávamos todos e oferecíamos flores e animais aos pés da maior e mais bela amendoeira.

A tribo existia por meio de ajuda mútua, tudo o que plantávamos e criávamos pertencia a todos, mas as tarefas eram separadas entre as famílias. Os mais velhos, nossos anciões, nos guiavam, e aos mais jovens cabia o sustento da tribo. A minha família era responsável pela criação das ovelhas, as nossas eram mais rechonchudas e animadas, sempre preenchendo o ambiente com seus ruídos que mais pareciam mulheres a fofocar sobre a vida.

Eu e mais dois irmãos mais velhos nos ausentávamos para pastorear as ovelhas, além da floresta, em morros verdejantes com poucos arbustos, mas de grama baixa e aveludada, ideal para deitar e tocar flauta, ouvir histórias e adormecer escorado em alguma pedra.

Todo ano próximo ao inverno, nós tínhamos de tomar cuidado redobrado com os animais, pois lobos selvagens se aproximavam em demasia. As ovelhas eram os alimentos mais acessíveis da temporada, e praticamente os únicos.

Naquele ano eu fora desafiado. Deveria permanecer cuidando dos animais sozinhos por três dias e três noites. Era uma prova de masculinidade, uma brincadeira entre irmãos, e não poderia me negar.

Eu tentava adormecer entre as ovelhas com seus pelos quentinhos e seus sons preguiçosos. Agora, recordando esses tempos ermos, percebo que só então ouvi o silêncio de minhas ovelhas, elas sempre tão barulhentas, mesmo à noite, estavam quase serenas. E eu não os ouvi chegar, tão astutos, e quando percebi já era tarde. Uma matilha de lobos selvagens se aproximava.

Havia apenas uma fogueira, e eu via nitidamente as bocarras famintas. Seus rosnados assustavam os animais que instintivamente acuavam às minhas costas, como se eu pudesse fazer alguma coisa.

Rezei! Implorava a Zeus, ou qualquer deus que estivesse me ouvindo, para nos salvar. O suor escorria por meu rosto. Eu mal respirava direito e minhas pernas tremiam de modo vergonhoso. À mão, possuía apenas uma lança, poderia atacar um lobo, mas todos, seria impossível.

Um lobo negro vinha mais à frente, com uma gosma escorrendo de seus dentes afiadíssimos, seu olhar feroz parecia calcular o próximo passo para saciar sua fome. Seus olhos eram de um azul muito claro, quase branco.

Tropecei em um filhote enfiado entre meus pés. Caí de costas no chão e tentei não desviar o olhar daquele enorme lobo. Algo me sussurrava que se desviasse o olhar da criatura, ele e sua matilha me atacariam.

Foram segundos suspensos no ar. O primeiro lobo a atacar surgiu à esquerda do meu campo de visão, fazendo jorrar sangue de uma ovelha. Não consegui mais pensar com clareza. Um e outro lobo começaram a atacar fazendo as ovelhas bateram umas nas outras e nos arbustos. As mais espertas correram para o descampado.

Eu sabia que deveria ficar ali, parado como se estivesse hipnotizado pelo lobo negro. Apenas eu e ele nos fitávamos enquanto mais e mais sangue caía na terra. Minha boca tentou emitir uma última oração, meus pensamentos igualmente paralisados. Com um ímpeto, eu joguei o filhote desamparado para frente, o lobo logo o abocanhou. Nesse momento virei de costas para correr.

Surgiram lobos por todos os cantos. As ovelhas emitiam um grito esganiçado e eu tremia de pavor. Corri desesperadamente. No meu caminho lobos devoravam ovelhas indefesas. Eu sentia o líder calmamente em meu encalço, não poderia parar de correr.

Minhas pernas possuíam uma força desconhecida, embora minha pele já bem machucada pelos arbustos. Acotovelei uma ou duas ovelhas que correram na minha frente, fazendo-as parar, inevitavelmente, nas bocarras dos lobos.

As amendoeiras começavam a despontar retorcidas. Não pude deixar de perceber sua beleza em meio ao inverno, sem flores ou folhas, distribuindo solidão à noite. Ao longe, pude notar uma silhueta curvilínea caminhando entre as árvores. Queria gritar para correr, mas não possuía voz para isso, só conseguia me preocupar em respirar e correr.

Eu começava a demonstrar sinais de cansaço, aturdido e machucado. Busquei uma árvore alta o suficiente na floresta que começava a surgir, e, com impulso, trepei em seus galhos secos tentando me equilibrar. Ainda avistei uma silhueta distante e lamentei pela sorte daquela figura indistinta.

O lobo vinha calmo, não corria. De sua boca escorria um novo líquido viscoso, o sangue de meus animais. O galho grosso em que apoiava o meu corpo vacilou por um segundo e eu tremi certo do meu fim. Aquilo não me suportaria por mais tempo, o lobo negro estava perigosamente próximo, a ponto de eu sentir o cheiro férreo de sangue.

Voltei a rezar.

Quando abri os olhos, estranhando tamanho silêncio, me deparei com algo deveras inusitado. O lobo estava deitado aos pés de uma figura da qual só pude reconhecer a forma feminina, seu rosto oculto por uma sombra. Ele ergueu a cabeça em minha direção, rosnou mostrando os dentes sujos de vermelho e recebeu um afago em sua orelha, calando-se e voltando ao seu estado anterior.

– Desça daí! – a mulher sussurrou. – Cassius não mais o perseguirá.

Levou um tempo grande até compreender que antes de ser um pedido, aquilo era uma ordem. Eu ainda tremia bastante. Minhas mãos estavam úmidas, escorreguei desastrosamente ao chão. Caí de joelhos e resolvi permanecer assim, algo me dizia ser o correto.

Senti no ar a misteriosa mulher se mover a passos cadenciados. Seus pés, pude notar, mal tocavam o chão. Engoli em seco. Pelos deuses! Eu estava sendo perseguido por uma matilha de lobos de uma desvairada. Ela poderia ser uma deusa, pior seria se fosse Artemis, e que ousadia a minha se levantasse os olhos de seus pés.

Ela tocou de leve minha cabeça, e pude sentir um calor reconfortante emanando de seu corpo agora mais próximo do meu. Suas ordens sussurradas não poderiam ser negadas, e logo eu a estava fitando. Tentei ao máximo evitar olhar em seus olhos, mas aquela voz desconhecida me impelia a isso.

Mirei então os mais belos olhos que já tinha visto em toda a minha curta existência. Eles irradiavam um brilho que incutia um temor maior ainda. Eu *deveria* respeitá-la. A íris era de um castanho escuro com filetes marrons e verdes irradiando do centro até um círculo castanho mais claro. Sua pele tinha um tom dourado pálido que, àquela distância, parecia ser muito bem cuidada e suave. Senti o ar faltar nos pulmões, sua beleza era indescritível. O cabelo preso em um coque alto deixava alguns cachos negros e brilhantes caírem sobre os ombros, emoldurando seu rosto de linhas quase comparáveis ao de uma estátua esculpida.

Ela ergueu uma de suas sobrancelhas me observando com atenção. Algo em seu olhar desdenhoso refletia um sincero gozo de ser admirada tão descaradamente.

– Ó pobre e doce mortal, sabe, por acaso, quem sou?

Sua voz agora possuía a segurança dos imortais, firme e delicada ao mesmo tempo, reverberando dentro de mim e dentro da floresta, fazendo seu feroz animal de estimação erguer novamente a cabeça.

Não pude responder. Abaixei os olhos, envergonhado. Não sabia quem ela era, a qual saudação deveria recorrer. A verdade era que eu a temia. Ela era a dona de um séquito de lobos, e ao menor comando o líder deles me devoraria sem remorsos. Apenas neguei. Desculpei-me com as lágrimas já brotando no canto de meus olhos.

– Lágrimas. – Agora sua voz deixava claro um desdém horripilante. Eu morreria.

Ao deixar escorrer livres minhas lágrimas de medo, ela as

colheu em um pedaço de tecido bordado a fios de prata que pendia de suas elaboradas vestes. E então me dei conta do tecido negro tingido, deixando notar certa transparência, igualmente possuidor de fios de prata que se somavam à barra formando um intricado desenho. Sua túnica presa nos ombros por grandes prendedores de prata e uma joia rubra que não sabia julgar qual.

– Pobre e doce mortal, se soubesse que lágrimas são perigosos artifícios e ingredientes, não choraria por tão inesperado encontro – dizia, enquanto guardava o pedaço de tecido.

Sem saber bem o porquê, sentei-me a seus pés e, entre lágrimas e soluços, contei-lhe sobre minha vida tranquila, os pastoreios, a tribo, o desejo de permanecer simples como eu era, pois não haveria meios de ser mais do que simples.

Ela permaneceu de pé e então, ao final do meu relato, ela se ajoelhou à minha frente e me beijou a testa delicadamente. Após seu riso frouxo e deliciado, pediu que a seguisse.

– Pois eu sou Hécate, e assim desejo!

Obedeci à sua ordem. Não poderia resistir, mesmo que meu medo fosse maior do que o desejo sincero. Eu desejava apenas observá-la e respeitá-la como era necessário. Ela era Hécate, e eu era um simples mortal.

Ela é mais antiga que a própria existência, não apenas uma senhora, mas A senhora do mundo. Todos os deuses se curvam à sua presença, todos a respeitam mais que qualquer outra essência antiga. É a jovem, a mulher e a velha, e assume a face que melhor lhe convém. Enquanto jovem, sua face virginal e pueril despertam as mais belas flores, coloridas e encantadoras. Enquanto mulher, ela gesta o mundo com cuidado e amparo. E enquanto velha, a anciã é a mais sábia, severa e rigorosa em todo o universo.

Eu a conheci mulher, portadora de beleza indescritível. Assim ela era, a fertilidade feminina capaz de gerar a vida. A sedutora perigosa que vaga na Noite, sua avó. Mas também era a benevolente que protege as mulheres grávidas e a boa plantação.

Eu sabia de todas essas coisas antes do nosso inusitado encontro, porém, mesmo sendo uma das deusas mais velhas em nossas tradições, seus preceitos eram realizados exclusivamente por nossos anciões, por isso não a reconheci de pronto.

Caminhamos entre as amendoeiras por toda a noite, até o sol despontar no horizonte. Ela exigiu que eu recontasse a minha história, detalhe por detalhe, desde a forma como eu criava minhas ovelhas até o jeito que eu descobrira de sentir os seios da inocente Philea ainda em crescimento, apenas para perceber o crescimento de seu corpo. Ela riu diversas vezes, exigindo os segredos mais guardados e prometeu em troca me manter vivo, enquanto seu lobo negro nos seguia de perto, como um guarda que vigia a filha de seu dono.

Nossa caminhada nos levou à entrada de minha tribo, onde as ovelhas sobreviventes, e notei serem muitas, dormiam. Reverenciei Hécate, ajoelhando-me a seus pés e beijando o chão logo a frente deles. Agradeci a benevolência e jurei nunca mais me esquecer dela, como se isso fosse possível.

Ela ergueu meu corpo e disse que me daria um presente por ter sido um bom rapaz. Do meio das ovelhas surgiu então um grande felino, branco feito os olhos do lobo, e logo se esgueirou pelos meus pés. Era uma fêmea vigorosa. Sorri, profundamente agradecido, e a vi partir.

Nunca a esqueci, como prometido. Eu nutria um desejo inconfessável de poder fitar-lhe os olhos luminescentes, ouvir seu riso e ser novamente o alvo de sua curiosidade e capricho. Mas isso nunca mais aconteceu, e dessa forma só pude agraciá-la com minha devoção profunda.

Ela não precisava de um reles mortal para assegurar seu poder, mas eu o reforçava mesmo assim. Todo começo de semana, punha em um altar no meio da floresta oferendas de flores e amêndoas em fruto. Todo começo de temporada, fazia questão de lhe oferecer uma gorda ovelha. Nesses dias a grande felina branca me acompanhava. Eu a chamei de Dora. Ela sempre bebia da água oferecida e se banhava na luz do sol que iluminava o altar.

Eu havia casado com Philea há alguns anos. Não era mais um jovem desocupado a pastorear ovelhas para além da floresta. Eu havia assumido o trabalho dos pais de minha esposa, sendo agora responsável por um tanto de terra fértil em que plantávamos diversas sementes.

Era uma noite de lua cheia a iluminar alto o céu e a terra. Eu estava sentado entre as plantações, e rezava pedindo uma boa colheita quando um barulho distante me despertou a atenção. Atentei e logo vi surgir de fora da tribo uma menina de não mais de quinze anos, vestida com uma túnica clara presa por uma grande fivela prateada abaixo do busto. Seus cabelos negros e ondulados caíam soltos nas costas e nos seios, num desalinho proposital.

Observei-a entrar em minha plantação, abrir um frasco de um líquido translúcido perfumado e salpicar na terra aqui e ali. A princípio não a reconheci, supus ser a doce Kore, filha de Deméter, mas ao vê-la erguer os olhos e aproximar-se quase sem tocar os pés no chão, joguei-me a seus pés e beijei com avidez. *Era ela.*

Reconheci os filetes de marrom e verde na íris escura, o sorriso frouxo ao ver meus atos tão humanos e simplistas. Era Hécate, a jovem que rege a fertilidade e juventude. Seu rosto oval perdido em um olhar sapeca quase me fez duvidar. Mas logo ela sussurrou e, num ímpeto, eu a abracei.

Ficamos ambos rubros nas faces, ela por um ato tão inusitado e eu por vergonha. Como tinha ousado tocá-la assim? Ela era uma deusa, a deusa, e eu simplesmente a abracei. Desculpei-me por meus atos e ela se sentou no chão.

– Venha! Sente-se e conte-me sobre sua vida. Já faz alguns anos que não o vejo, doce mortal.

Sua voz em nada parecia a atemorizante voz de sua face mulher. Ao contrário, seu tom era meio estridente e lembrou as meninas da tribo que ainda corriam pela floresta, brincando. Eu satisfiz seus desejos e lhe contei minha história, dessa vez com um sorriso nos lábios, acrescentando o que havia de novo. Ao citar Philea como esposa, notei de relance uma dor no olhar, mas como durou pouco, imaginei ser minha a dor de não ter tido outra opção.

Segredei a ânsia de ser pai, mas Philea não conseguia segurá-los. E que sendo ela filha única, deveríamos ter um filho para continuar as obrigações da família. Em nossa tribo, todos os casais tinham pelo menos dois rebentos. Era um desejo difícil de realizar, minha esposa já não sabia a qual deusa orar e eu mesmo já havia orado a todas elas, inclusive à Hécate.

– Tenho uma proposta a lhe fazer – disse ela.

Esperei inquieto e mal pude acreditar quando fez a proposta. Ela daria um filho meu a Philea, mas em troca eu deveria me entregar a ela. Como recompensa por fertilizar minha esposa, eu deveria dar minha alma em retribuição, já que ela também era a responsável pela vida e a morte, e guiava com duas tochas acesas as almas em transição.

Assustei-me com o que ouvi. Eu iria morrer para continuar com minha família. Deveria oferecer minha alma em troca de uma nova. Com certa tristeza, aceitei o que me oferecia. Philea merecia um filho, e ela ainda poderia ter outro homem em sua vida. Novamente, eu devia minha vida, ou no caso, minha continuidade a Hécate. Fiz uma mesura em sua direção e lhe sorri. Eu era seu mais devoto servo.

Hécate então me explicou o que eu deveria fazer. Enquanto ela ainda regava e fertilizava a plantação, eu deveria entrar e tomar minha esposa, amando-a como nunca havia feito, e logo ela adormeceria.

Depois eu deveria ir ao altar que construí na floresta e oferecer uma ovelha e as mesmas ervas, amêndoas e água de sempre. Depois disso, Dora, a gata, me guiaria até o local onde eu deveria encontrá-la para consumar nosso acordo.

E assim eu fiz, passo a passo. Ao seguir Dora durante dois dias completos, me deparei com o porto e uma embarcação pequena, própria para duas pessoas. A voz de Hécate ecoou em minha mente anunciando o meu destino. *Ilha de Tasos.*

Em Tasos aportei em uma praia escondida por uma parede alta de pedras. Ali, no meio delas, havia um templo com um pórtico apoiado em duas colunas, sua abertura convidativa naquela tarde quente. O pequeno salão iluminado continha um altar recheado de flores, frutas e água, e atrás dele um portal diminuto, que só consegui passar depois de me curvar.

Abriu-se então um caminho escuro dentro das paredes de pedra, que me levou a um grande jardim íngreme a céu aberto, rodeado pelas montanhas da ilha. Nele, avistei amendoeiras floridas e bancos espalhados em cantos, seguidos por estátuas que julguei serem as diferentes representações de Hécate. O enorme jardim que demorei a cruzar subia a montanha oposta à entrada, e ali a vista era magnífica. No alto de uma das montanhas da ilha, eu conseguia ver toda a encosta e um lindo e grandioso templo, feito no mais nobre mármore.

Passei um longo período sozinho. Naquele lugar, havia servos truculentos, embora fossem delicados ao me servir e desempenhar seus afazeres. Aprendi a andar em cada centímetro daquela ilha e, com o passar do tempo, senti uma dor apertar meu coração.

Mal recordava do meu lar, mas os olhos e o sorriso dela faziam arder em meu peito uma saudade inexplicável. Comecei a rezar todas as tardes na beira da praia, implorando sua visita. Acometido de solidão, deixei de ver sentido naquilo tudo.

Foi sentado em um banco em frente a uma linda amendoeira de flores brancas e perfume delicioso, observando uma escultura sua ao lado da árvore, que Hécate me encontrou novamente, aos prantos. Ao vê-la, corri para me aninhar na barra de sua túnica simples, sem pedras ou fios delicados, mas de uma cor acinzentada que me recordou o mais triste dos cantos da minha tribo.

Só quando senti uma mão envelhecida tocar os meus ombros, reparei estar diante de sua face mais velha e sábia. Por instinto, ajoelhei-me e me desculpei.

– Meu caro e doce mortal. Por que choras? – e sua voz ecoou rouca como nunca antes.

Antes que eu pudesse responder, ela me ergueu e pediu que eu a seguisse, descendo a montanha em direção à floresta na parte sul da ilha. Ali ela fez seus serviços, enquanto eu apenas observava aquela aparência envelhecida. Seus cabelos cinzentos estavam trançados, sua pele um tanto ressequida e calosa.

Em um átimo de iluminação, percebi que apesar dos anos à espera dela, eu não mais envelhecia. Satisfeita, ela me mostrou mais alguns de seus diversos poderes, de um jeito cúmplice e bondoso.

Por dias prestei atenção até que finalmente consegui ajudá-la. Dependendo de seu gesto, do modo como erguia a sobrancelha, eu já sabia exatamente o que desejava e a auxiliava.

Depois de um inverno longo, sua pele foi se tornando novamente jovem. A leve corcunda nas costas se estendeu e seus cabelos recuperaram o tom brilhante de negro. Mais uma vez, notei como sua mágica era bela, e sua presença, necessária.

Quanto a mim, eu lhe tratava com o respeito e a devoção

que encontrava em minha alma. Orava em sua presença, em sua ausência e às vezes apenas para lhe encantar.

Era verão. Haviam se passado alguns anos desde que eu a vira pela última vez. A noite estava especialmente bela, da forma como ela preferiria. Um céu quase negro, sem estrelas, sem vento, apenas a lua a sorrir. Foi em um riacho de água doce que corta a ilha que eu a reencontrei. Eu me banhava aproveitando o calor e, quando a percebi, ela estava seminua entrando nas águas mornas.

Eu não sabia como me comportar, mas ela sabia o que esperar de mim. Com seus passos leves, parou próxima de mim, mexendo os braços na água. Tinha o mesmo olhar voraz da primeira vez em que nos encontramos. Sorria maliciosa e sussurrava comentários sobre a noite.

Como posso explicar como é estar em frente a uma deslumbrante deusa, em sua face mais sensual, seminua, provocando as mais dormentes sensações masculinas? Eu a desejava, eu a queria como uma mulher e ela jamais seria uma. Tudo após seu toque enternecido em meu rosto hoje não passa de uma lembrança turva.

Mas o sonho daquela noite faz doer no fundo da minha alma. Sonhei que a tinha em meus braços, nua e quente, entre as árvores próximas. Um delicioso perfume exalava de seu corpo que busquei beijar e tocar sem esquecer nenhuma parte.

Eu pressionava seu corpo abaixo do meu, e pela primeira vez, era ela que cedia ao meu capricho. Eu a tomei por inteiro, enquanto a ouvia gemer baixinho, com aquela sua fala sempre encantadora. Quando no ápice do meu gozo eu a cobri de beijos, um sentimento profundo de devoção tomou conta de mim e senti desabrochar as flores de toda a terra, em suas variadas cores, perfumes e formatos.

Acordei na manhã seguinte atordoado, corri para lavar-me e, quando encontrei com Hécate a saborear seu desjejum, não fiz outra coisa a não ser me ajoelhar e implorar que meus sonhos não a ofendessem.

– Mas meu caro e doce mortal, você é um homem, não é? Possui sentimentos animalescos de quando em quando – disse ela, e gargalhou, menosprezando minha culpa. – Não se preocupe, eu o desculpo. Dobre suas orações e oferendas se isso lhe traz alguma solução.

Depois desse dia, em noites como aquela, tenho o mesmo sonho arrebatador e profanador de minha mais amada deusa. Sonho que estamos juntos como homem e mulher que se consomem em desejos de carne. E toda manhã acordo remoendo o remorso e passo o dobro do tempo buscando agradá-la para me perdoar.

Ela apenas sorri, desdenhando de meu sentimento e abraçando meus ombros carinhosamente. Sei que uma deusa como ela jamais se uniria a um reles mortal.

Eu soube que meu neto já havia falecido e que minha tribo já não era uma tribo perdida nas florestas de amendoeiras, e sim uma cidade proeminente. Neguei os apelos silenciosos de Hécate de permanecer ali com ela por mais tempo. O que era eu senão seu brinquedo envelhecido, mas que nunca envelhecia?

Expliquei-lhe minha tristeza por não ver mais o tempo passar e nem conhecer mais sobre o mundo. Não tinha filhos nem amigos, não possuía ninguém além dela. Fui sincero ao dizer que viveria apenas para ela, mas queria ver o mundo em crescimento fora de Tasos.

– Meu caro e doce mortal, nossa ilha é parte dos campos das almas, pois é no submundo que repouso – disse em seus costumeiros sussurros inebriantes. – Quando aceitou minha oferta, não lhe matei como pretendia, é bem verdade, mas resolvi lhe trazer até aqui para viver comigo. Só não envelhece, porque é assim que desejo!

Hécate dobrava até mesmo Zeus com suas vontades. Ele a temia, todos os deuses a temiam. Colocaria um homem vivo nos campos das almas com facilidade, e eu não duvidei nem um segundo de sua explicação.

– Não há palavras para agradecer seus atos, não há em mim sequer conhecimento para isso. Como pode um simples mortal agir de outra forma senão com devoção e respeito ao se dirigir a uma deusa? E como aceitar esses ímpetos tão carnais por você?

Hécate conhecia meus sentimentos, eu era com certeza seu

mais leal e devoto servo, cuidava de seus rituais sagrados e às vezes os soprava aos ventos para que a humanidade não os esquecesse. Mas a angústia de amá-la precisava ser posta em palavras altas e assim eu continuei:

– Meu amor, minha magnífica deusa. Não há mulher viva entre os homens e nem morta entre Hades capaz de despertar em mim o mesmo amor. Eu não fui apenas seu servo, mas seu amigo, seu companheiro, seu confidente.

Eu acariciei seus cabelos ondulados e sedosos, a pele refletindo um nascer do sol esplêndido. Nos seus olhos pequenas ondas de lágrimas denunciavam seu sentimento. Beijei-lhe os lábios temeroso e ávido ao sentir seus braços e seu corpo ceder ao meu, não mais suportei não tê-la realmente comigo. Deitei-a em sua cama e ali, esquecendo que estava com uma deusa, eu a tomei como minha e satisfiz nossos desejos.

Hécate permitiu que eu fosse ao mundo dos vivos, com a condição de que ao menor chamado dela eu deveria voltar a Tasos. Não como o homem que a tomou nos braços, embora ambos desejássemos isso, mas com o amor simples que eu lhe trouxera, com a simplicidade inebriante que ela jurou amar em mim.

Não vejo nuvens ou estrelas do céu dessa noite, apenas uma lua crescente. Sei que esse é um sinal de que devo retornar, mas antes atenderei à minha ânsia e relatarei por escrito a história desse amor imortal.

Risos no Cemitério

Bárbara Morais

Na primeira vez em que ele a viu, pensou que havia enlouquecido.

Sendo coveiro no turno da noite, costumava achar que um gato era uma alma penada ou que o vento forte carregava os lamentos de um fantasma sedento por vingança. Com os anos, passou a apelidar os animais que se moviam com os nomes nas sepulturas. "Boa noite, Sir George," dizia para um gato preto empoleirado numa mangueira. "Boa noite, Senhorita Gretta," tirava o chapéu para uma coruja em cima de uma sepultura. "Espero que tenha tido um bom dia, senhor Smith," respondia para o vento uivante.

Então quando viu o vulto se movimentando entre as estátuas de anjos e os mausoléus, achou que era tudo fruto da sua imaginação. Pensou que deveria parar de ler tantos livros de terror e mudar para coisas mais alegres. Ou ouvir a sua mãe e começar a frequentar um terapeuta. Ou ainda largar aquele emprego, deixar de lado as roupas pretas e voltar para a faculdade.

Nas primeiras vezes, foi fácil ignorar e fingir que aquilo provavelmente era um fenômeno meteorológico. Mas depois do terceiro mês (não o julguem, ele estava com medo), tornou-se incômodo ao ponto de fazê-lo pegar uma pá do galpão de ferramentas e fazer sua ronda com ela. Não tinha ideia de como pretendia se defender de um fantasma com uma pá, mas pelo menos se sentia mais seguro. E aí, para o seu choque, a mulher passou a frequentar outras áreas do cemitério. Tornou-se um jogo de pique-esconde. Ele anotava todos os lugares em que ela aparecia para se aproximar. Mas todas as vezes que chegava perto, via-a do outro lado do cemitério. Era frustrante nunca conseguir alcançá-la. Um dia, resolveu se vestir com uma capa preta e a perseguir o mais silenciosamente possível, mas ela sempre lhe escapulia por entre os dedos. Começou a achar que a fantasma fazia de propósito ("Aparecida", ele a havia nomeado), como se se divertisse em vê-lo confuso.

Estava prestes a procurar ajuda especializada quando ela o *respondeu.* Já a tratava como as outras criaturas do cemitério, incluindo-a nos cumprimentos diários. Boa noite, Sir George. Boa noite, Senhorita Gretta. Boa noite, Smith. Boa Noite, Aparecida.

Boa noite, coveiro.

O coveiro parou subitamente, ficando mais branco do que o fantasma que o havia cumprimentado. Ouviu *risinhos*, como se ela fosse uma adolescente levada planejando a próxima aventura. Em todos os anos trabalhando ali, era a primeira vez que ouvia risos no cemitério.

Por mais estranho que possa parecer, ele gostou daquele som.

Largou a pá de lado e decidiu que, na noite seguinte, se aproximaria de Aparecida como quem não quer nada, só para ver se ela o respondia novamente. Era óbvio que se ela o respondesse, ele teria que tomar medidas drásticas ou um antipsicótico, o que fosse mais barato.

E, naquela noite, ela não fugiu dele. Pelo contrário, esperava-o sentada em cima de uma lápide, com as pernas cruzadas e a aparência parecida com a que havia imaginado ao ouvir sua risada no dia anterior. Parou à sua frente e ficou sem palavras.

– O que foi? Parece que você viu um fantasma – disse ela, tirando-o do transe.

– Você não é um? – perguntou, com a voz rouca.

– Acha que eu sou um fantasma?

– Sim.

– Fantasmas não existem – ela zombou, inclinando a cabeça um pouco para trás. – Você deveria saber disso, coveiro.

– Você é uma fada?

Ela riu, pulando para o chão e rodopiando ao redor dele. Ela também era louca, pelo menos isso era certeza.

– Não seja tolo. Fadas não visitam cemitérios – disse, quando finalmente parou, encarando-o. – Vejo que deixou sua pá de lado. Me deixou preocupada com ela por um tempo, achei que iria me machucar.

– Você sequer *existe*?

– Eu gostei do nome que você deu. A-pa-re-ci-da – ela repetiu, enchendo cada sílaba com poesia. – Parece A-pa-ri-ção. Genial. Mas a coruja não gosta muito de ser chamada de Gretta. Ela é macho. – O coveiro a encarou como se ela estivesse falando grego. O seu sorriso desapareceu, e ela caminhou com cuidado até se aproximar dele. – Oh, você está falando sério. Faz tanto tempo que não falo com ninguém que esqueci como pode ser chocante. Me desculpe.

– Você vai responder minhas perguntas?

– Talvez, se você aparecer amanhã – disse ela, antes de correr para trás de um mausoléu.

Ele a seguiu, não achando nada além de um corvo empoleirado na cabeça de uma estátua. "Estou ficando louco, Poe".

Tudo começou anos antes, na verdade. Séculos atrás, quando se cantavam feitos à exaustão e todos reconheciam os nomes dos seus heróis favoritos. Uma época mais inocente em que vários deuses andavam na terra. O tempo em que um deus e um mortal podiam se apaixonar e gerar uma linhagem mítica de reis, rainhas, heróis e heroínas. Uma época em que uma mulher bonita motivava guerras.

Havia um homem aclamado como o maior guerreiro de sua vila. Seus feitos eram tantos que demoraria uma noite inteira para contá-los, então seremos breves. Era destemido e abençoado pelos deuses com uma inteligência ímpar, além de ser ágil e ter uma habilidade quase sobrenatural no manejo de espadas. Os aliados diziam que ele era filho dos deuses. Os inimigos, que ele era uma criatura maligna enviada para eliminá-los da terra. Ao longo dos anos, não havia perdido uma batalha ou uma disputa.

Acabou atraindo a atenção de uma deusa.

Entenda, a deusa em questão não era uma de quem você gostaria de chamar a atenção. Morrigan era conhecida por todos eles por ser a cruel batalha, aquela que levava os homens desta vida, aquela que os fazia ficar agitados ao ponto de serem descuidados. Alguns diziam que ela era três, mas na verdade só gostava de variar a sua aparência.

Foi como uma donzela ruiva e altiva que apareceu para o nosso herói. Estava com uma doença terrível que só ele poderia curar: *sentimentos*. Tinha observado o desempenho do rapaz nas diversas batalhas que ele havia travado e chegara à conclusão de que não havia ninguém tão digno quanto ele para ser alvo do seu amor.

O herói ficou lisonjeado, é claro. Mas havia um problema: ele só tinha olhos para outra.

Uma humana. Uma mortal comum.

O coveiro mal conseguiu dormir naquela noite (ou naquele dia, se você considerar os seus hábitos noturnos), seus pensamentos sempre se voltando para a aparição. Parecia real demais para ser fruto de uma alucinação e ele tinha certeza de que não tinha tomado nenhuma substância alucinógena em algum momento da sua vida. Se você acha que está ficando louco, provavelmente não está, costumavam dizer. Então se ele parasse de questionar a sua sanidade, estaria de fato louco?

Era difícil demais tentar ser filosófico com sono. Para vencer a ansiedade, ele se vestiu com as suas habituais roupas pretas e foi para o trabalho inacreditavelmente cedo. Fez perguntas para o coveiro do turno anterior sobre movimentações esquisitas e, quando recebeu uma negativa, teve que inventar uma história mirabolante sobre um possível ladrão de covas que estava atacando os outros cemitérios da cidade. Por incrível que pareça, o seu companheiro de trabalho acreditou nele e prometeu ficar de olho. Partiram então para limpar ervas daninhas que começavam a cobrir alguns túmulos e o assunto foi esquecido. Quando a noite caiu e o nosso coveiro ficou sozinho, ela voltou a aparecer. Ele a recebeu com um sorriso e uma corrida desajeitada até onde estava.

– Boa noite. – Na ausência do que dizer, optou por um cumprimento.

– Boa noite, coveiro. – Aparecida lhe deu um dos seus belos sorrisos. – Como passou de ontem para hoje?

– Bem – mentiu. As bolsas embaixo dos seus olhos indicavam pouco sono. – E você?

– Bom trabalho com a sepultura da senhora Helena, *amada esposa e filha*. Se ela ainda pudesse ver, ficaria orgulhosa.

– Obrigado? – agradeceu, confuso. Ele a encarou fixamente até que ela o olhasse, incomodada, e perguntou: – Fale a verdade. Eu estou ficando louco?

– Não. – Ela sorriu, estendeu a mão, e ele a segurou. Era tão sólida quanto a dele, e macia, tão macia. Ele a largou, com medo, e limpou a mão na calça. A garota riu novamente. – Isso não são modos de tratar uma dama.

– O *quê* é você? – Havia uma nota de pânico em sua voz. – Uma psicopata? Você está aqui para me matar?

– Oh, por favor. Não seja ridículo. Venha, me mostre o seu cemitério. – Ela estendeu a mão de novo e o coveiro a fitou sem pressa, ponderando. Chegou à conclusão de que não importava. Se ela quisesse matá-lo, já o teria feito meses antes.

De mãos dadas, ele a fez correr por entre as árvores e mausoléus, os seus risos ecoando pela imensidão da noite.

Normal seria a última palavra que nosso herói apaixonado usaria para descrever a sua amada. Radiante seria um adjetivo melhor. Ou belíssima. Ou espirituosa. Ela roubava a atenção como se fosse o sol e distribuía a alegria com seus atos e com seu riso. Morrigan nunca teria uma chance, porque a humana fazia inveja à própria Cliodna.

É idiota contrariar os deuses, por mais que se esteja apaixonado. E foi exatamente o que o nosso herói fez: recusou Morrigan e, num dia quente de verão, se casou com a sua amada humana. A deusa o avisou por três vezes. Na primeira, antes do casamento, disse que se ele não a escolhesse, iria se arrepender amargamente. Na segunda, um ano depois do casamento, disse que ele nunca seria agraciado com um herdeiro se continuasse com a tolice. Na terceira, apareceu para ele sob a forma de uma velha, lavando a sua armadura no rio na manhã antes de uma batalha.

Foi assim que ele encontrou o seu fim: foi levado para os braços de Morrigan durante uma batalha.

As noites seguintes foram esperadas com ansiedade pelo coveiro. Sem que percebesse, a sua aparição ia conquistando cada vez mais espaço em seu coração, inchando-o e o ocupando de forma a fazê-lo perder as palavras quando a via, tão bela, tão pura, sob a luz da lua. Não se importava mais se aquilo era loucura ou não, nem se ela era um fantasma ou qualquer outra coisa. Não fazia diferença. Só queria chegar ao cemitério e esperá-la para dançarem ao som de uma música imaginária, para fazê-la rir.

E ela não ajudava em nada. Aparecida o fazia sair da sua letargia e o animava, mas quando ele tentava qualquer avanço, ela lhe dava um daqueles sorrisos tímidos e saía flutuando, saltitando entre os túmulos como se o chão fosse quente demais para os seus pés descalços. Parecia incentivar os seus avanços uma hora e detestá-los em outra. Chamava-o de ridículo e ria das suas ideias, chamava-o de gênio e lhe beijava a face. Era impossível entendê-la, da mesma forma como era impossível saber o que ela era.

O coveiro passou a compor sonetos. Intitulava todos de "À minha Aparecida", e construía rimas estúpidas mais adequadas a uma criança de oito anos e não a um adulto com escolaridade. Toda a sua poesia não era particularmente brilhante, mas Aparecida parecia gostar, o que o deixava ainda mais patético. Lia para ela, com uma voz trêmula, embargada pela emoção, e a via sorrir. Levava trechos de poetas famosos e romances, para transformar o que sentia em palavras mais bonitas do que as suas.

Durante esses momentos, Aparecida ficava calada, como se pensasse em outras coisas, em outras eras. Às vezes o coveiro percebia tristeza em seu olhar, mas quando perguntava, ouvia o tradicional "Deixe de ser ridículo". Com o tempo, notou que ela escondia uma angústia profunda e assustadora nos seus risos, mas preferia não trazer o assunto à tona, com medo de que ela fugisse.

Por fim, numa noite melancólica, ela pediu que se sentassem embaixo de uma árvore frondosa, escondidos do mundo pelas suas folhagens. Seguraram as mãos uns dos outros e o coveiro achou que iria explodir com aqueles sentimentos dentro dele. Ele a amava muito. Como aquilo havia acontecido?

Ela o beijou e foi como se o mundo ganhasse novas cores. De repente, a noite tinha vários tons de preto, a lua, vários tons de amarelo, a grama, vários tons de verde escuro, o vento, vários tons de invisível. Talvez aquele fosse o ápice da sua loucura, beijar um fantasma num cemitério, mas o coveiro não se importava. Ele não se importava mais com nada a não ser o toque suave dos lábios da sua amada.

E então foram interrompidos.

– O *quê* você acha que está fazendo?

Foi um choque para todos da vila quando o corpo do herói voltou, carregado pelos seus companheiros de batalha. Os lamentos foram ouvidos por toda a terra enquanto a sua pira funerária ardia. Os bardos cantaram sua morte e o transformaram em lenda, numa última homenagem a sua bravura. Todos sofreram muito com a perda, porém depois dos três dias de luto, prosseguiram com as suas vidas.

Mas não a sua esposa. Sem o seu marido, não tinha mais nada. Nunca tiveram filhos, devido aos caprichos de Morrigan, e ela não cogitava se casar com os guerreiros que batiam à sua porta querendo desposá-la agora que era viúva.

Ela uivava como um lobo, dia e noite, de saudades. Despedaçava-se a olhos vistos.

Morrigan, que não era tão má quanto esta história faz parecer, compadeceu-se da jovem. Ela não tinha culpa da tolice do seu marido. Tentou ajudá-la como pode, tornando os seus campos mais férteis e suas cabras mais produtivas. Mesmo assim, a humana entrou num estágio de melancolia que iria matá-la.

Então Morrigan decidiu ajudá-la. E a transformou em um corvo.

O *seu* corvo.

Os dois se separaram assustados e Aparecida se levantou, arrumando o vestido. O coveiro a imitou, fitando a mulher que os havia interrompido e tentando se explicar. Ela era alta, com um longo cabelo ruivo esvoaçante que a fazia parecer uma Valquíria.

– Eu... Eu posso explicar – disse, mas a intrusa não lhe deu atenção. Olhava a mulher ao seu lado com uma expressão intensa.

– Eu já lhe disse para não fazer isso! – Estava irritada e parecia uma mãe dando bronca numa filha levada. Talvez fosse isso. Talvez ela fosse mãe da sua Aparecida.

– Eu sinto muito, senhora – ele respondeu, dando um passo e ficando entre as duas mulheres. – Nós...

– Como você pôde fugir de mim? – continuou, ignorando-o por completo. – Como você pôde me deixar louca desse jeito, atrás de você?

– Me desculpe. – Aparecida deixou a tristeza transparecer e levou as mãos ao rosto. – Me desculpe, de verdade. Eu não faço de propósito.

– Não faz de propósito? – A voz da mulher pareceu ecoar pelo cemitério, e o coveiro se encolheu, assustado. – Não faz de propósito? É óbvio que você faz de propósito! Olhe para mim, Branwen, e me escute bem! Não é esse humano nem nenhum dos milhares que você seduziu na sua vida que vão substituir o espaço deixado por seu amado.

– Eu não... eu... – Ela engoliu em seco e olhou para o coveiro. – Eu sinto muito.

Ele não sabia se ela se dirigia a ele ou a mulher. Sentiu que se não desse um jeito naquilo, iria ser deixado para trás. Não queria perdê-la, a sua Aparecida.

– Esperem um minuto – falou, levantando a voz e conseguindo, por fim, a atenção da mulher ruiva. – O que está acontecendo aqui?

– Nada – ela respondeu e pegou Aparecida pelo braço, puxando-a. – Nada. Esqueça-a. Nós vamos voltar. Transforme-se logo, Branwen.

– Pare com isso. Por que você me deu asas se não queria que eu voasse? O que você vai fazer agora, me prender com uma corrente? Eu posso ir com você agora, mas voltarei quando você menos esperar.

– Você não seria tola de fazer isso. – A ruiva passou a mão pela testa, impaciente. – Vamos.

Deixe-o em paz.

– Eu não quero – disse, firmemente. – Eu quero ficar com ele, Morrigan. Ele me faz rir. Você sabe quando foi a última vez que eu ri?

A mulher parou e finalmente olhou para o coveiro. Ele estava encolhido, encostado na árvore, confuso e amedrontado. A conversa o havia lançado num turbilhão de emoções e o deixado sem saber o que fazer.

Morrigan se aproximou dele devagar e o pegou pelo queixo, obrigando-o a olhar para ela. O coveiro prendeu a respiração e tentou se controlar para não tremer. Ela era assustadora de perto, com olhos negros vazios e uma boca grande e cruel. Tão diferente da sua Aparecida, com a sua boquinha de coração e os seus olhos gentis e cheios de azul.

– Você gosta dela, humano? – perguntou, e recebeu um aceno de cabeça como resposta. Morrigan apertou mais as suas bochechas. – Fale, não faça gestos.

– Sim. – A voz dele saiu trêmula. Desviou o olhar para onde sua amada estava, mordendo os lábios, e aquele sentimento que o preenchia tirou seu fôlego. – Eu a amo.

A expressão de Morrigan se desfez e ela o soltou. Era... pena? Com um gesto de permissão da deusa, Aparecida se juntou a ele e o abraçou.

– E você, Branwen? Ama-o também?

Branwen olhou para o seu coveiro, o peso do silêncio recaindo sobre eles.

Existem vários relatos de uma bela mulher que surge do nada, seduz homens e depois os deixa para trás para morrer. Embora Branwen não clamasse a autoria de todos esses incidentes, era culpada por uma boa parte deles.

Ser transformada em corvo e viver eternamente era mais uma maldição do que uma benção. Em sua concepção de deusa, Morrigan achou que estava lhe fazendo um favor, mas, na verdade, a estava condenando a uma vida inteira de luto. Sempre acompanhava Morrigan ao campo de batalha e ficava lá, se lamentando pelo seu amor perdido, enquanto via outras vidas se esvaírem.

Apesar disso, tinha um fraco por poetas e artistas em geral. Sentava-se, silenciosa, observando-os tecer as palavras e transformá-las em obras de arte. Gostava de ser a inspiração para aqueles poemas, adorava os nomes que davam a ela. Era bom estar na companhia de almas mais atormentadas do que a dela.

Então seu modo de se divertir era sair à procura de alguém para preencher o seu vazio. Transformava-se em humana e seduzia os homens, na esperança de que um deles a fizesse voltar a amar, que a fizesse voltar a sorrir.

– Aparecida? – O coveiro perguntou, sentindo toda a sua esperança se esvair com o silêncio.

– Eu não sei. – Ela finalmente respondeu, virando-se para Morrigan. – Eu não sei, Morrigan. O que é o amor? É essa coisa que me despedaça desde que eu o perdi ou isso que me faz andar como se flutuasse por entre as brumas desde que conheci o coveiro?

Morrigan caminhou até ela, olhando para o coveiro com piedade. Passou uma mão maternal pelo cabelo escuro de Branwen e a abraçou, afundando o rosto em seu ombro. Era uma cena íntima, familiar, e o coveiro se sentiu um intruso.

– Eu não saberia dizer – ela respondeu, quase num sussurro. – Humano, me diga. O que é o amor? Como você pode afirmar isso sem dúvida?

O coveiro deslizou pelo tronco, se acomodando entre as raízes meio descobertas da árvore. Ele não sabia nada sobre Aparecida (ou Branwen, como parecia ser o seu nome), nem quem era aquela mulher chamada Morrigan, da onde tinha vindo, para onde iria. Mas sabia, por exemplo, que ela sorria de uma forma tímida, como se tivesse medo de se deixar levar pelas emoções boas. Gostava de ouvi-la rir de forma engraçada e leviana, como se não houvesse mais nada esperando por ela além daquela risada. Ela adorava ler os epitáfios nas sepulturas e fazer cócegas na barriga dos gatos que habitavam por ali. Só de pensar em ficar sem ela, entrava em pânico e suava frio. Aos poucos, sua vida havia começado a girar ao redor da dela.

– Eu não me vejo mais sem ela – foi o que conseguiu responder. – Ela se tornou uma parte importante da minha vida. Por isso sei que a amo.

Branwen ergueu o rosto e o olhou, com timidez. Morrigan tinha um meio sorriso no rosto e balançou a cabeça, soltando-a.

– Você viveria comigo, pelo resto da sua vida? – disse Branwen, se abaixando na frente do coveiro, mas sem olhá-lo diretamente. Segurou as suas mãos e então o mirou nos olhos. – Me faria rir pelo resto da minha vida?

Ele não precisou responder com palavras, não dessa vez.

Morrigan havia ganhado mais um corvo.

E, pela última vez, foram ouvidos risos naquele cemitério.

Meu amor é um fenrir

Andréia Kennen

Is it getting better
Or do you feel the same?
Will it make it easier on you now
You got someone to blame?

U2 – One

Se não fosse pela canção do U2 tocando em alto e bom som, Joana estaria dormindo. Por mais que o homem ao volante tentasse se desculpar com ela por meio de mensagens contidas na letra de uma de suas músicas favoritas na juventude, ela estava determinada a não perdoá-lo.

"Não pedi pra ser arrastada para os confins do mundo. Ainda mais para esse lugar congelado..." ela pensou, encolhendo-se embaixo de dois cobertores no banco de trás do carro que o pai alugara assim que saíram do aeroporto de Magadan.

Decidiu viajar na parte traseira com a desculpa de que iria dormir, mas na verdade queria evitar o máximo possível abrir brechas para seu pai puxar conversa e conseguir fazê-la aceitar suas desculpas, ou até convencê-la de que a mudança era positiva para os dois. Sempre foram muito próximos, por isso sabia que seu silêncio tinha um efeito perturbador sobre ele. E era exatamente aquela a sua intenção – puni-lo, de maneira lenta e dolorosa, por ter decidido se mudar em uma época tão sensível da vida de qualquer ser humano: a adolescência.

Uma mudança de casa, ou mesmo de bairro, podia ser considerada uma tragédia, por isso não tinha nem palavras para descrever a sensação em estar mudando de mundo. "Afinal, eu só posso estar em outro planeta...", ela pensou, voltando a cobrir a cabeça após olhar pela janela e sentir-se ainda mais depressiva.

Não havia nada de interessante para ser visto do lado de fora. Ainda por cima, tinha a sensação esquisita de que seus óculos estavam embaçados e não os vidros do automóvel. O manto branco de neve se estendia ao longo da planície e se misturava com o céu esbranquiçado, sem que fosse possível distinguir onde terminava um e começava o outro. Uma descrição perfeita do "nada," para uma jovem que vivera até então em mundo colorido.

Joana nasceu em Maceió, uma cidade com belas praias, onde o azul do mar e o do céu se fundem em um único horizonte. O pai era paulista e conhecera sua mãe em uma viagem de férias. De acordo com ele, bastou ver a vendedora de pastel de camarão de curvas acentuadas, olhos cor de mel, vestida em trajes simples enquanto arrastava os pés pela areia branca da praia carregando o recipiente de salgados embaixo do braço, e foi amor à primeira vista.

A história dos pais até parecia um conto de fadas, mas Joana não entendia porque o resultado daquele amor não havia gerado um fruto de igual beleza. Detestava ter cabelos cacheados. Gastava praticamente toda sua mesada em produtos de tratamento capilar para acalmar a rebeldia dos fios. Mesmo tendo herdado os olhos "dourados" da mãe, adquiriu a miopia do pai, que já estava em quatro graus, e por isso era indispensável o uso de óculos de fundo de garrafa. Nem as supostas curvas da mãe, que poderiam lhe render alguns olhares de interesse, tivera a sorte de herdar. Seu corpo era como aquela estrada por onde seguiam: totalmente reta.

Sua avó paterna dizia que ela estava apressando as coisas e que só após os dezesseis anos começaria a desenvolver seus atributos femininos, mas como ter calma quando suas primas alagoenses, algumas delas até mais novas, já exibiam em seus álbuns do *Facebook* e *Orkut* corpos da típica mulher brasileira? Ela, para não deixar os álbuns vazios, abarrotava-os com imagens dos ídolos da J-Music[9], animes e personagens de Harry Potter.

Sthefanny, uma das primas com quem mais mantinha contato, estava sempre lhe cobrando um álbum com suas fotos no *Facebook* para ao menos reconhecê-la quando fosse

9 **J-Music:** "J" abreviação de "Japanese" em inglês. A tradução do termo é: Música Japonesa;

apanhá-la no aeroporto nas férias de verão, mas de jeito nenhum pensava em expor sua feiura e perder a popularidade adquirida a muito custo na internet.

Joana era a típica *geek*. Fazia parte de um grupo de *fansubbers* [10] de animes *shounen* [11] na internet, era coproprietária de dois fóruns de games (um de RPG Medieval), coautora de dois blogs, tinha dois canais no *Youtube*, era moderadora de quinze comunidades no *Orkut*, dona de quatro e vivia tuitando e retuitando novidades. Para manter tudo isso funcionando, e a popularidade virtual em alta, não tinha tempo para se dedicar à estética, precisava estar conectada pelo menos 10 horas por dia, reduzindo até suas horas de sono para dar conta de tudo isso. Sem o pai saber, óbvio. Por esses motivos, estava totalmente fora de cogitação acabar com o império erguido com tanto sacrifício em madrugadas perdidas, expondo sua verdadeira imagem.

Se bem que, àquela altura do campeonato, tudo estava prestes a ir por água abaixo, já que Joana não sabia mais o que fazer para se manter conectada. Fazia exatamente sete horas e cinquenta e cinco minutos que estava *offline* na rede. Conseguiu se manter *online* até a escala em Londres, mas depois que chegaram em Moscou, seu tablet simplesmente perdeu os sinais de vida. Esse era o motivo de se recusar a perdoar o pai. Ele a tinha arrancado à força do seu mundo 2.0.

Quando ainda era muito pequena, sua mãe morreu em um acidente de carro e o pai perdeu todo o fascínio pelas paisagens de oásis de Maceió. Por isso acabou voltando para a cinzenta e tumultuada São Paulo. Lá, afundou-se nos estudos para aprimorar sua formação em História e se especializou na área de Cultura Antiga, tornando-se um verdadeiro aficionado por mitologia. Ela só não podia imaginar que aquele fascínio a levaria para o outro lado do continente.

O que mais incomodava Joana era saber que tinha um pouco de culpa naquela mudança. Tudo começou quando decidiu incentivar o pai a fazer mais uma especialização, achando que

---

10 **Fansubbers:** fãs que legendam séries em outras línguas por conta própria e disponibilizam para outros fãs.

11 **Shounen**: palavra de origem japonesa e significa "garoto", o termo é usado para definir o gênero de animes que são voltados para o público adolescente masculino.

ele passaria mais tempo ocupado e menos tempo tentando descobrir o que ela tanto fazia na internet. Acabou que seu plano deu errado em algum ponto, pois Fernando optou por fazer uma pós-graduação EAD[12], e na sua sala virtual conheceu Ivanna, uma brasileira naturalizada na Rússia, tão apaixonada por mitologia nórdica quanto ele. Foi então que veio o convite dela para o pai participar de uma pesquisa na Universidade de Moscou.

Com a desculpa de que a pesquisa serviria de base para sua tese de doutorado, seu pai não pensou duas vezes e aceitou a proposta. Mas para a Joana, que não era boba, o interesse estava muito além da mera pesquisa e tinha nome: Ivanna. O pai parecia estar finalmente superando a perda da mãe.

De repente, ela sentiu falta do volume alto da música e descobriu a cabeça a tempo de vê-lo espancando o painel do carro.

— Merda de aparelho! Joana?! Vai ficar sem falar comigo até que horas? Me ajude aqui. Aconteceu algo com o GPS desse carro. Você que vive fuçando essas porcarias deve saber consertar.

Joana suspirou fundo. Ainda não estava convencida em quebrar sua greve de silêncio, mas se o pai continuasse esmurrando o aparelho daquela forma, ele iria quebrá-lo de verdade e a ideia de ficar perdida naquele lugar frio era horripilante o suficiente para fazê-la abrir mãos de suas reivindicações. Motivada, saiu dos cobertores e foi para o banco da frente. Desencaixou o aparelho do suporte e o desligou.

— Com certeza esse *treco* deve ter congelado. Esse carro não tem aquecedor?

— Claro que tem! Tá ligado faz horas.

— Não parece.

— O problema não é o aquecedor, Joana. Nós é que não estamos acostumados com essa baixa temperatura.

— Sei... — ela fingiu concordar, religando o aparelho e concentrando sua atenção nas informações exibidas no *display*. — Parece que está funcionando — ela comentou.

Por uma fração de segundo Fernando desviou a atenção da pista para a filha ao seu lado. Tempo suficiente para que algo atravessasse a estrada e fizesse Joana gritar em desespero, assustando o pai.

---

12 **EAD**: Educação a Distância.

— Pai, tem algo na estrada!

A freada brusca sob os resquícios de gelo fez o carro rodar e sair da pista. O veículo continuou deslizando na neve e desceu ganhando mais velocidade ao atingir um declive. O carro capotou algumas vezes, entrou em uma floresta de pinheiros gigantes e só parou ao colidir contra uma das árvores de tronco desproporcional, que apenas estremeceu derrubando sobre o veículo capotado toda a neve acumulada em seus galhos.

A dor que sentia no corpo inteiro só não era maior que a fome e o cansaço.

Joana conseguiu sair do veículo. Seus pés afundavam nas camadas densas de neve conforme caminhava. Quando acordou, ao se dar conta do acidente e não encontrar o pai, foi tomada pelo pavor. Decidiu sair à procura dele, levando apenas a mochila. Certamente havia sido arremessado pra fora em algum momento da queda ou da capotagem, mas queria continuar acreditando que estava bem. Talvez, assim como ela, estivesse vivo por um milagre.

Enrolou-se em um cobertor para seguir caminho. Mas quanto mais seguia, mais Joana tinha dúvidas de estar ainda na Sibéria. Não avistava nada, nem casas, nem vilas, nem estradas; somente aquela floresta de árvores monstruosas e, fora dela, uma extensão desértica de neve. O céu também era estranho, tinha uma tonalidade púrpura como se fosse madrugada, mesmo que já tivesse passado algumas horas caminhando. Não que esperasse o sol naquele mundo congelado, mas, pelo menos, achava que deveria ficar mais claro.

Distraída em seus pensamentos, acabou tropeçando na barra do cobertor que arrastava na neve. Após colidir com o chão, foi dominada por uma forte tontura e pegou no sono ali mesmo, por algumas horas. Despertou no frio intenso da madrugada e se viu submersa na escuridão. De repente, ouviu sons estranhos à sua volta. Pareciam passos e rosnados.

Alguma coisa a rondando.

Notou n pequenos focos brilhantes. De início, achou que poderiam ser vaga-lumes, porém, o fato de flutuarem em pares a fez descrer da possibilidade. "São olhos...", concluiu, buscando no bolso de sua calça o celular com lanterna.

Assim que apontou o feixe de luz na direção dos pontos azuis, notou um pequeno recuo de um dos pares. O outro, entretanto, não recuou. Ao contrário, saiu de dentro da escuridão e ficou visível sobre a claridade da lanterna. Ao ver ao que pertenciam aqueles olhos azuis, Joana estremeceu dos pés a cabeça.

Era um lobo.

Não um lobo comum, mas um animal de tamanho desproporcional, cuja as presas irregulares ficavam visíveis além da margem da boca.

— Pois é. Então é aqui que eu me despeço da vida curta que tive. Acho que é o fim da linha. — disse para si mesma, dando passos para trás, até suas costas se encontrarem com o tronco de uma árvore.

Então teve certeza que não podia estar em seu mundo, nada naquele lugar tinha o tamanho que deveria. Voltou a encarar a criatura que começava a dar passos em sua direção e, com o pavor lhe tirando o senso, proferiu: — Só espero que morra engasgado com os meus ossos, monstro dos infernos!

Estranhamente, o lobo gigante se deteve. Joana continuou fitando-o, petrificada. Até achou que poderia ser coisa da sua imaginação, mas teve a impressão de ver o cenho peludo franzir em um gesto de indignação, como se o animal fosse capaz de entender sua língua.

A jovem engoliu em seco, quando um estrondo chamou a atenção da fera para os céus, de onde irrompeu uma rajada de fogo. A adolescente se encolheu, agachando-se rente ao chão, como se o fogo fosse despencar sobre ela, mas ele se diluiu antes de atingir as copas das árvores. Assim que Joana se reergueu, percebeu que o lobo havia partido. Aliviada, aproveitou para fugir.

As rajadas de fogo no céu iluminaram a noite e ela foi capaz de enxergar um local perfeito para se esconder: uma fissura no tronco de uma árvore gigante. Correu o quanto pôde e conseguiu ultrapassar a fenda com seu corpo magro.

Pelo visto, estava segura lá dentro. Dali, Joana passou a assistir ao que acontecia do lado fora. Era um tipo de caçada, em que criaturas humanoides, com asas de pterodátilo cuspidoras de fogo e com lanças encurralavam os lobos que se defendiam soltando rajadas de ar frio pela boca.

A garota percebeu que os pelos eriçados dos animais

reproduziam um brilho azulado, como uma luz néon. Mas desistiu de continuar assistindo quando viu um lobo ser alvejado por uma lança e erguido enquanto soltava uivos agonizantes.

Horrorizada, engatinhou até o fundo oco do interior da árvore e sentou-se abraçada aos joelhos, desejando acordar daquele pesadelo.

Na manhã seguinte, a claridade fosca do dia entrou pela fissura da árvore e só então Joana notou que o "seu" esconderijo servia de morada para inúmeros seres. Mas não bichos mágicos bonitinhos, mas sim insetos que, como tudo naquele lugar, tinham um tamanho anormal. Sem pensar duas vezes, apanhou a mochila e saiu dali. Do lado de fora, observou com assombro a devastação do ambiente. Respingos vermelhos tingiam a neve branca, como se tivesse chovido sangue. Havia também árvores queimadas e derrubadas em todas as direções. Porém, não viu nenhum corpo, o que a aliviou.

Quando pensou em voltar a caminhar para descobrir onde estava, Joana ouviu um urro horripilante e ficou paralisada. Quis correr para o seu esconderijo, mas não conseguiria voltar para aquele lugar cheio de insetos bizarros.

Com o coração batendo mais forte, decidiu desconbrir de onde vinha aquele lamento.

Atravessou moitas e pulou troncos caídos até encontrar o dono dos ganidos: um dos lobos da noite anterior estava preso em um tipo de armadilha que brilhava toda vez que se debatia tentando se soltar.

Por um instante, desejou ter tempo para analisar a lógica que a deixava confortável diante daquele animal monstruoso a ponto de ajudá-lo a se livrar daquele sofrimento.

Como não tinha, apenas seguiu aquele estranho desejo.

— Pare de se debater! — ela pediu, perto dele. — Se continuar se mexendo essas coisas vão te decapitar. Não percebe que quanto mais se mexe mais elas apertam?

A criatura parou de se mover. Seus olhos se encontraram com os dela e, mais uma vez, Joana teve a impressão de que ele a entendia.

— Eu sei que você é o mesmo de ontem à noite. Eu vi seus companheiros sendo assassinados por aquelas coisas. Também sei que você é diferente dos seus amigos — ela disse, aproximando-se o suficiente para tocá-lo no rosto do ser. — Calma. Eu sou do bem, e sei que está com medo. Sinceramente, eu estou bem mais do que você. Eu também acho que me compreende, por isso, entenda o que vou lhe explicar: eu vou ajudá-lo, só preciso descobrir como.

A criatura manteve os olhos azuis em Joana e, depois de alguns segundos, meneou a cabeça positivamente, o que a fez entreabrir os lábios ainda mais chocada. Mas logo a admiração se desfez e ela sorriu.

— Sabia que me podia me entender!

O lobo se sentou, observando as tentativas falhas da humana de quebrar os grilhões com pedras ou até cerrá-los com os pedaços das lanças deixadas pelos monstros alados da noite anterior. Alguns dos animais menores da floresta também pararam em volta dos dois, observando-os curiosos.

Exausta, Joana sentou-se ao lado da criatura para descansar.

— Não sei mais o que fazer.

— A única coisa capaz de destruir uma Gleipnir é fogo ateado com óleo de viscosa amarela.

Joana ergueu a cabeça, procurando o dono daquela voz estridente, e ao não encontrar, deduziu que fosse do lobo.

— Um animal tão imponente não pode ter essa voz.

— Ha, ha! Humanos gostam mesmo de piadinhas infames. Em uma das minhas visitas a Midgard, acabei ficando amigo de um velho humano e por isso sou capaz de me comunicar bem na língua de vocês. Aliás, é muito estranho ver uma humana tentando ajudar um fenrir.

Joana franziu as sobrancelhas e estreitou os olhos notando que a boca do lobo não se movia enquanto falava.

— Ventríloquo?

Como se a fera fosse capaz de compreender a dúvida dela, sacudiu a cabeça de um lado a outro e um pequeno ser preso em seus pelos, no alto da cabeça, despencou no chão, fazendo-a sobressaltar.

— O que é isso?!

O pequeno, que parecia um furão, também sacudiu a cabeça, tonto com a queda.

— Meu nome é Taruque — ele se apresentou, fazendo uma mesura pomposa com as mãos. — Sou um ratanok. O prazer é todo seu, humana.

A aparência inofensiva do ratanok fez Joana sorrir e responder `a apresentação.

— Joana — disse, imitando a mesura que ele havia feito. — Então, você fala a minha língua? E ainda sabe o que pode destruir essa corda? Onde encontro esse óleo de viscosa amarela?

— Olha... Tem certeza que quer soltar o príncipe Fenril dessas amarras?

— Príncipe? — Joana assombrou-se, olhando incrédula para o lobo.

— Sim. Se ele é o irmão mais novo de Hell, a grande soberana de Niflheim, só pode ser um príncipe. Apesar de... — O ratanok se deteve, ao notar que o lobo trincou seus enormes dentes. — Acho que estou falando demais.

— Escuta... Taruque, né? Não temos tempo para conversas. Apenas mostre-me onde encontro essa tal de viscosa amarela. Precisamos agir antes que anoiteça e aquelas coisas voltem.

— Precisamos? — o ratanok arqueou as sobrancelhas.

Após algum tempo negociando com o pequeno, Joana conseguiu convencê-lo de que se o fenrir era mesmo um príncipe, ele conseguiria algum crédito se o ajudasse.

Enquanto procuravam a viscosa amarela, o ratanok explicou para Joana sobre aquele lugar. Pelo que entendera, Niflheim era um submundo, equivalente ao inferno do seu mundo. Na superfície existia um oceano, Iving, a terra, Midgard, e as montanhas rochosas chamadas Jotunheim.

O furão falava sem parar. Joana aproveitou o tempo para pensar em como foi parar ali, deduzindo que havia cruzado algum tipo de portal no momento do acidente. De alguma forma, ficara feliz e menos preocupada ao imaginar que o pai pudesse estar vivo, são e a salvo em seu mundo.

Agora, entretanto, precisava arrumar um jeito de salvar o lobo.

Depois de uma hora de caminhada, começou a desanimar e reclamar.

— E você achava que seria fácil encontrar a viscosa amarela? Humanos são mesmo engraçados... — Taruque desdenhou, balançando a cabeça em resposta à observação da humana de que estavam se afastando muito. — Se a Gleipnir foi confeccionada pelos Nibelungos a pedido de Jormungand com a finalidade de aprisionar Fenril, é óbvio que a única planta capaz de dissolvê-la só será encontrada nos domínios dos próprios Nibelungos ou em Jontuheim, a morada de Jormungand.

— Nossa, desculpe-me por não deduzir algo tão óbvio assim – foi irônica. – Mas pelo que acabou de me contar, Jormungand também é filho de Loki assim como Hell e Fenril, certo? Por que ele quer aprisionar o irmão afinal?

— Uma desavença antiga entre os dois. Jormungand definitivamente tem ciúmes do irmão caçula por acreditar que ele é o preferido do pai. Além disso, Fenril é poderoso, belo, temido e o único dos três que vive conforme suas próprias vontades.

— Hm. Acho que entendi... Existem barracos familiares até entre os deuses.

— É aqui! — o pequenino exclamou e se deteve abruptamente, fazendo Joana parar da mesma forma.

Joana observou o lugar apontado por ele: uma cabana construída no meio da floresta, de onde ouviam-se vozes, sons de instrumentos e outros barulhos. Intrigada, viu o furão passar por ela animadamente e apressou-se em segui-lo.

— Ei, pequenino, espere um pouco — ela pediu, apanhando-o pela nuca e o erguendo diante dos olhos. — Está querendo me enganar?

O ratanok esperneou no ar e retrucou.

— Do que está falando? Estou tentando ajudá-la.

— Eu posso parecer uma humana idiota para você, Taruque, mas não sou. Você disse que Jormugand é um gigante, não tem como ele morar nessa cabana tão pequena. E isso não parece em nada com uma forja onde anões fazem objetos mágicos.

O pequeno cruzou os braços no peito e balançou a cabeça em afirmativa.

— Eu não teria me aproximado de você e aceitado ajudá-la caso fosse uma humana estúpida. Aliás, se você fosse pouco inteligente, não teria sobrevivido ao ataque dos Gigotos de ontem à noite. Você tem razão, Jontuheim, onde vive Jormugand, está localizado além da planície gelada, no topo das montanhas. E é óbvio que não vou me infiltrar no vilarejo dos Nibelungos, exatamente pelo que acabou de dizer. Eles produzem artefatos mágicos cobiçados por seres desse mundo e além dele, acha mesmo que é fácil encontrá-los?

Joana soltou o pequenino.

— Certo. Qual é seu plano, então?

— Apenas me acompanhe. — Taruque continuou em direção à cabana. — Tenho um conhecido que pode nos ajudar, ele é um mercador informal e é quase certeza que tenha uma amostra da viscosa para nos vender.

— Informal? Sei. Não me diga que tem contrabandista nesse mundo também? Aliás, como assim "vender"? Não sobrou muita coisa da minha mesada.

— Escute, cubra os cabelos. Não deixe que percebam que é uma fêmea. Entre e siga direto para o fundo do bar, não pare e não encare ninguém por mais estranho que pareça. Entendeu? Encontraremos Zagar no fundo da taberna, na última mesa.

— Cobrir os cabelos com o quê?

— Tem um manto jogado bem ali.

— Aquilo ali não é o lixo? — Joana não acreditava em ter que usar algo misturado no meio da sujeira.

— Você quer ou não a viscosa?

— Tá! Tá! Já entendi!

Após se cobrir com o pano retirado dos dejetos da taberna, a dupla adentrou o local. Joana procurou seguir as orientações de Taruque, mas não conseguiu vencer a curiosidade de não olhar os frequentadores. Uma quantidade incontável de espécimes. Seres grandes, pequenos, médios, minúsculos, voadores, rastejantes, pegajosos, peludos, caolhos. Um dos que mais chamou sua atenção era um que estava no bar. Tinha chifres longos, olhos sem retinas, negros e com a aparência gelatinosa. O peito desnudo e, da cintura para baixo, a pele coberta por uma pelugem negra e espessa. Sua cauda se movia de um lado a outro, e os pés eram patas de cavalo. Joana puxou mais a parte do manto que fizera de capuz sobre sua cabeça, evitando mostrar o rosto, mas o terrível ser a encarou com um misto de curiosidade e intimidação, para depois esquecê-la e voltar para a sua bebida.

— Eu disse para não encarar ninguém — o ratanok a repreendeu assim que chegaram ao fundo do estabelecimento.

— É fácil falar quando se mede menos de vinte centímetros. Eu me senti um pedaço de carne entrando na jaula dos predadores com o olhar daquele chifrudo no balcão... O que era aquilo, afinal?

— É melhor nem saber... Ah! Ali está ele! Zagar, meu amigo.

Joana aproximou-se da mesa e, tentando não parecer estrangeira demais , evitou demonstrar surpresa ao ver que o amigo de Taruque era uma mistura de humano com uma raposa. Apesar de ter a estrutura de um homem adulto, sua pele era coberta por uma pelugem amarela. As orelhas ficavam no alto da cabeça e tinham as pontas negras, assim como o focinho e as mãos.

Ao menos não tinha a aparência tão intimidadora como a do ser bebendo no balcão.

Assim que Taruque informou o que procuravam, ele passou a valorizar a Viscosa Amarela, enumerando todas as dificuldades de encontrá-la. A sorte de Joana é que Taruque conhecia bem o mercador e conseguiu contradizer algumas de suas alegações, tornando a negociação acirrada.

Depois de convencê-lo a vender o produto, foi a vez de negociar o pagamento. Nada do que Joana oferecia parecia ter o valor necessário para cobrir aoferta. Taruque também a alertou, antes de entrarem na Taberna, que não falasse a verdade sobre Fenril estar preso, pois a maioria dos frequentadores daquele lugar eram caçadores que adorariam encontrar o príncipe de Niflheim.

Lembrar-se de que os seres que o atacaram retornariam no final do dia para levá-lo fez com que a ansiedade de Joana aumentasse. Não somente esse sentimento, mas um estranho e doloroso aperto no peito que levaram lágrimas aos seus olhos, chamando atenção dos dois colegas que ainda discutiam.

Chorar não era algo comum para Joana. Ao sentir os olhos lacrimejarem, tentou disfarçar o embaraço abrindo um grande e forçado sorriso. Não era normal sentir aquilo por um estranho, mas a verdade é que pensar na perda do fenrir lhe causou uma sensação estranha de solidão, afinal, além da perda do pai estava por sua própria conta naquele mundo desconhecido.

Nem um pouco sensibilizado, Zagar decidira por fim vender a Viscosa e receber o pagamento em longas parcelas quando um som abafado ecoou da mochila da jovem.

— Droga! É o despertador do meu celular. Calma aí, gente, já desligo — disse, tentando engrossar a voz.

A menina vasculhou os bolsos internos da mochila e retirou o *smartphone* de um dos compartimentos. Com um simples toque na tela, desligou o aparelho e interrompeu o som estridente da música japonesa que servia como toque do despertador.

Não somente Zagar, mas todos os frequentadores do estabelecimento se voltaram para Joana.

— O que foi? Vai dizer que não conhecem J-music?

— Que aparelho mágico é esse? — perguntou Zagar, com os olhos brilhando de curiosidade.

Taruque sorriu de maneira matreira e, andando calmamente sobre a mesa, tentou soar convincente:

— Então, ainda não conhecia essa maravilha, meu caro amigo? Esse é o celular, uma das invenções humanas mais geniais de todos os tempos. Mas não vamos mudar os termos já combinados, não é mesmo? Se em alguma nova oportunidade tiver algo melhor a oferecer, quem sabe possa adquirir um desses?

Ao retornarem até o fenrir com a planta e mais umas bugigangas, Joana e ratanok se surpreenderam ao ver que o lobo tinha companhia.

— Caramba. Eu achei que eles... tivessem morrido — sussurrou um pouco tensa ao ver o resto da matilha.

— Não subestime os fenrirs, humana. — Taruque comentou de pé no ombro dela. — Eles estão entre os seres mais poderosos desse mundo. Óbvio que a matilha voltaria para tentar salvar o líder deles.

— E agora? O que faremos?

— O que faremos ou o que você fará? Pare de me incluir nessa loucura. Já arrisquei meu pescoço demais. — ele concluiu, pulando para o chão e correndo na direção da floresta. — Boa sorte.

— Espere, não vá! — Mas o pequeno foi tão rápido que Joana mal pôde acompanhar seus movimentos. — Que ótimo. Nunca confie em um furão falante. Deveria ter aprendido a lição quando assisti a Era do Gelo.

Ela deu um passo adiante, tentando manter-se concentrada. Afinal, queria ajudar e tinha a confiança do líder do grupo.

Enquanto caminhava na direção de Fenril, passou a ser seguida pelos olhares desconfiados, rosnados, narizes farejantes e bocas salivantes dos demais. Por um momento, teve a sensação de que era um apetitoso pedaço de carne em uma vitrine de restaurante de rodízio, mas assim que ficou diante da imponência do fenrir-líder e de seus olhos azuis, soube que estava segura.

O animal ficou de pé. Joana começou a esfregar a planta viscosa nos grilhões e ateou fogo com uma caixa de fósforos guardada em sua mochila. A pequena chama lambeu rapidamente as correntes que, como papéis sendo queimados, dissolveram-se em cinzas.

— Pelo menos o Taruque tinha razão — disse, sorrindo para o lobo. — Está livre, Vossa Alteza.

Essas foram suas últimas palavras, antes do lobo soprar-lhe os olhos e fazê-la desmaiar.

Parecia que havia dormido um fim de semana inteiro. Arrastando os pés em meio a tecidos finos, Joana esticou o corpo todo na cama. A sensação de conforto era tão boa que ela pensou em matar aula e ficar ali mais um pouco. Mas um estalo em sua mente a fez lembrar de algo que parecia um sonho e ergueu-se rapidamente da cama.

— Pai?

Seus olhos lacrimejaram.

— Pai? Não foi um sonho...

Ela quis chorar. Notou que estava em uma espécie de ninho e que o calor confortável que sentia vinha de pequenas e felpudas bolas de pelos. Curiosa, apanhou uma delas e se assustou com o latido estridente. Apesar do assombro, continuou segurando-o.

— Mas que coisa mais fofa é você, hein, bebê?

O pequeno respondeu com um novo latido estridente que acordou os demais, e só então Joana percebeu que a cama estava repleta deles.

— Parece que os filhotes gostaram de você — a voz era de uma mulher de aparência humana, que trazia uma bandeja com frutas e vários recipientes com leite nas mãos.

— Você fala minha língua? — quis saber, animando-se e saindo da cama abraçada com um dos pequenos.

— Sim, sou humana como você. Me chamo Sarah e sou uma escrava que serve a tribo dos fenrirs há muito tempo. Fui dada em sacrifício pelo vilarejo onde morava quando tinha sete anos. Mas, por sorte, tive a simpatia do príncipe que decidiu poupar a minha vida. Vou cuidar de você. Trouxe comida, precisa se alimentar.

Joana apanhou uma das frutas da bandeja e a mordeu.

— Escrava? — ela perguntou, devolvendo a fruta ao cesto depois de fazer uma careta ao notar o quanto era azeda. Em seguida, colocou o filhote no chão e apanhou um recipiente com um líquido amarelado e cremoso que parecia mingau.
— Isso significa que eu também serei uma escrava? — quis saber, entornando o creme na boca. — Não temos como fugir e voltar para o nosso mundo?

— E por que alguém que será desposada por um deus desejaria fugir?

— Você está noiva de um deles? Vai se casar com um lobo?

— Eu não. Você vai.

Joana perdeu a sensibilidade da mão, deixando a vasilha com leite cair no chão. Logo os filhotes que brincavam no quarto a rodearam e lamberam o creme esparramado.

— Isso é uma brincadeira?

— Qual o seu nome?

— Joana.

— Joana, me ouça um pouquinho: o príncipe Fenril simpatizou com você a ponto de querer desposá-la. Ele é um deus. Raramente os deuses se apegam aos humanos de maneira a querê-los como companheiros. Algo em você o encantou. O Conselho e os mais antigos foram contra a ideia, e se eles tivessem conseguido convencer o príncipe, você seria condenada àa morte e agora estaria sendo preparada para o sacrifício ao invés da cerimônia de casamento.

— Eu salvo a vida do príncipe e eles querem me matar? Muito agradecidos – bufou. – Mas vamos voltar ao ponto principal. Você está querendo dizer que eu tenho duas opções: casar com um lobo-monstro ou morrer?

— Sim. Qual é a sua resposta?

Por um segundo, pensou que a morte seria a melhor escolha. Sarah disse que há duzentos anos servia aquela tribo e que, graças ao poder mágico dos fenrirs, não adoecia e nem envelhecia e que seria agraciada da mesma forma.

Ela também tentou convencer Joana de que o tempo faria com que se esquecesse da Terra e que, talvez, seu pai já nem estivesse mais vivo. Mesmo assim, pensou que morrer seria melhor do que ser desposada por um monstro. Nunca havia beijado ninguém e a coisa mais absurda em que pensava era como faria amor com uma criatura gigante? A resposta era não.

Sarah saiu para avisar Fenril de sua resposta. Enquanto isso Joana se pegou a lembrar dos olhos dele, aqueles olhos azuis que tinham uma nuance de bondade. Isso fez com que seu coração disparasse. O que estava fazendo, afinal?

Escolher morrer seria sempre a opção covarde. Sim, ele era uma fera, mas Fenril tinha um lado gentil, e os lobos da matilha o tratavam com respeito e consideração. Se ele seria um rei, seria um rei bom e amado pelos seus súditos.

Quando se deu conta, Joana estava fora do quarto vestida com o traje que Sarah trouxera. Um vestido curto, simples, com várias camadas finas. Era o seu "vestido de noiva".

Joana começou a correr e notou que estava acompanhada pelos filhotes que latiam sem parar. Do lado de fora da vila, avistou vários humanos, mas nem todos falavam a sua língua. Quando perguntou onde estava o príncipe, eles se assustavam e ficavam sem reação. O seu desespero foi compreendido apenas por alguns que apontaram o caminho para uma torre no centro da vila.

A jovem invadiu o lugar e entrou em um salão de piso espelhado. Sarah, que estava detida diante de uma porta imensa, sorriu como se a esperasse, como se o seu arrependimento fosse algo óbvio.

Ela fechou a porta que entreaberta e veio em direção de Joana, dizendo que era melhor dar a resposta pessoalmente. Em seguida, foi embora com os filhotes.

Quando a jovem humana entrou no recinto, um grupo de pessoas que falavam em um dialeto estranho parou a conversa e se voltou para ela.

— Droga.

Ela pediu desculpas por interrompê-los e viu alguns olhares de desdém. Eles falaram algo em sua língua estranha e passaram por ela, encarando-a da cabeça aos pés.

Joana perguntou sobre o príncipe e foi totalmente ignorada, até que um deles se aproximou. Era jovem, estava vestindo uma grande túnica cor vinho e tinha a pele clara. Seus cabelos, de um tom cinza escuro quase azul-marinho, estavam arrepiados pra cima.

Desajeitada, fez uma mímica tentando explicar o que procurava para aquele homem de beleza excêntrica. Em suas bochechas, havia manchas cinzas que pareciam grandes sardas. As orelhas eram grandes e pontiagudas, e delas saíam pelos azuis na mesma tonalidade do cabelo. Até na ponta do nariz havia uma charmosa pinta acinzentada.

Mas o que mais a surpreendeu foi a atitude dele quando se aproximou de súbito e segurou seu rosto com ambas às mãos. Olhando-a no fundo dos olhos, pediu:

— Aceite ser minha, Joana...

Aquilo não tinha sido exatamente uma pergunta, então ela não pôde responder. Os olhos de Fenril, aqueles olhos que tiravam seu foco, estavam fixos nos dela. Se não tivesse algum tipo de autocontrole, seus joelhos trêmulos a fariam tombar.

Joana meneou a cabeça em um sim meio tímido e, no segundo seguinte, sentiu seu coração se arrebentar contra o peito. Os lábios dele estavam sobrepostos aos dela e eram quentes, diferente de todo aquele clima gélido de Niflheim.

Até hoje, trinta anos após, Joana ainda é temida como uma grande feiticeira por ter ganhado o coração do mais poderoso fenrir de Niflheim... e saber usar um celular.

Depois de alguma insistência, viajou acompanhada até o seu mundo e descobriu que o pai havia se recuperado do acidente nos braços de sua nova companheira. Embora saudosa, não pôde voltar, nem ao menos falar com ele. Como um presente, deixou em uma caixinha um filhote de furão.

Foram decisões difíceis. Talvez um dia, Joana se arrependa e diga que ela, a feiticeira da J-music, foi a verdadeira enfeitiçada dessa história.

Mas o fato é que seu sentimento por Fenril cresceu intensamente e fincou raízes dentro do seu peito. Se alguém a pergunta se ainda pensa em voltar para Terra, ela se lembra de quando era uma simples moderadora de fóruns de RPG medieval e responde ironicamente: quem vai querer ser espectadora, quando se pode narrar sua própria aventura?

Reencontro

Lívia Martins

Em menos de um ano eu passei por tantos médicos e exames quanto posso me lembrar, e nenhum, uma vez sequer, chegou perto de uma solução para o que acontecia comigo.

— *Não mãe, eu não vou a mais um médico. O que adiantou até agora? Vou deixar isso pra lá. Chega!*

Por mais que eu tentasse explicar à minha mãe, ela não se convencia de que eu não queria saber o que estava acontecendo comigo. Isso não era verdade, eu queria. Só estava cansada de bater de porta em porta e ninguém saber me dizer o que estava acontecendo.

— *Se você não vai a um médico, que tal um pai de santo?*

Apesar dos meus argumentos, minha mãe continuava insistindo no assunto. Sei que ela só queria o meu bem e, não importava como, queria que eu me sentisse melhor.

– *E o que você sugere? Que eu diga ele que sinto meu corpo queimando em partes diferentes, de formas diferentes, todos os dias? Ah, não posso me esquecer dos punhos e tornozelos ardendo e uma falta de ar que me faz sufocar. Que tal dizer também que meus exames clínicos vão muito bem, obrigada e que minha mãe acha que eu tenho um encosto? Que tal isso?*

– *Tudo bem Cecília, se você não vai a um médico ou a um pai de santo, eu acho que você deveria ao menos procurar um psicólogo. Um psiquiatra.*

– *Mãe, psiquiatra também é médico.*

– *Isso mesmo, Cecília, faça piadas.* – E assim ela desligou o telefone.

Suspirei enquanto colocava o telefone sobre a mesa. Não era fácil lidar com tudo isso e com uma mãe superprotetora. Era claro que ela estava certa. Mães sempre estão certas, correto? Confesso que fiquei com aquela sensação de que deveria fazer algo, mas não sabia mais o que e todas as opções pareciam tão-tão-erradas.

Algumas semanas depois, eu saia do trabalho com um sentimento que misturava alívio e vazio. Alívio porque ali começavam minhas primeiras férias em dois anos. Vazio porque eu não havia planejado nada para o mês que ficaria em casa, obviamente, fazendo a Bridget Jones: jogada no sofá assistindo a uma programação de TV de qualidade duvidosa e me entupindo de sorvete para suprir a carência de afeto.

Pelo menos era essa a minha ideia ao levantar da cadeira do escritório e me despedir de meus colegas, pensando, sinceramente, se queria ou não voltar para aquele trabalho após um mês de total preguiça. Antes de sair, Helena, que ficava no mesmo grupo de baias que eu, ainda recomendou que eu aproveitasse para procurar um médico. Logo agora que eu já havia quase me esquecido da bendita doença. Se é que eu podia chamá-la assim.

Quando finalmente passei pela portaria do edifício em que trabalhava, deparei-me com um garotinho parado na porta com uma pilha de panfletos. Ele batia uns nos outros para que fizessem um barulho semelhante ao de cartas de baralho ao serem misturadas antes do jogo. Quando me viu, o menino esticou a mão e me ofereceu um dos panfletos. Normalmente eu não pegaria, mas imaginei que quanto mais ele demorasse a terminar de entregar aquela pilha, mais tempo teria seu dia de trabalho. Assim, peguei o papelzinho e, como não havia uma lixeira por perto, joguei dentro da bolsa. Teria muito tempo para arrumá-la.

Se na sexta-feira em que entrei de férias alguém me dissesse que eu sairia de casa para caminhar na praia, eu afirmaria com toda certeza que essa pessoa precisava ser internada. Eu ainda sentia meus pulsos queimando e, todos os dias, a falta de ar me incomodava depois de alguns minutos andando, mas, eu também não queria ser acusada de sedentarismo.

Todos os dias, após uma hora de exercícios, eu parava e sentava para tomar água de coco enquanto admirava a paisagem. Ao terminar, voltava e tentava correr ao menos por 20 minutos. No terceiro dia da recém-adquirida rotina, notei um homem sentado na areia e fiquei observando como ele mal se mexia, apenas olhava para o mar.

Algum tempo depois, o homem se levantou e veio em direção ao quiosque onde eu estava. Só então notei como ele era bonito. Talvez tivesse algo a ver com seu sorriso. Ele tinha um jeito diferente que parecia tenso, mas, ao mesmo tempo, calmo.

Quando dei por mim, estava parado à minha frente. Nesse momento, quem ficou tensa fui eu. Um desconhecido, sorrindo sem motivo... Poderia ser um louco, um ladrão, um maníaco, mas...

Ele não parecia ser nada disso. Se bem que ele poderia ser qualquer uma dessas coisas ou todas elas ao mesmo tempo, só não parecer e...

De repente fui interrompida por ele.

— Oi.

Não consegui responder mais do que um simples "oi". Quando achei que ele fosse sentar ou puxar assunto, o homem simplesmente virou as costas e saiu andando. Esperei para ver se ele voltaria ou ao menos olharia para trás, mas ele continuou como se nada tivesse acontecido.

Então, desisti de seguir para a corrida e fui para casa. Não sei por quê, mas aquele episódio me deixou completamente transtornada. Alguma coisa naquele homem havia me deixado intrigada. Quando ele falou comigo, foi como se ele esperasse que eu dissesse qualquer outra coisa e eu tivesse feito tudo errado. Eu só não entendia por quê.

Cheguei em casa quase na hora de me arrumar para sair. Quase esqueci que tinha marcado de almoçar com duas amigas que não via já fazia algum tempo. Enquanto me arrumava, pensava que, dessa vez, não iria comer nada industrializado nem beber. Iria manter os hábitos saudáveis recém-adotados junto com as corridas na praia. Era uma mudança radical, mas eu esperava conseguir.

No caminho, fiquei me perguntando como era possível o encontro com um desconhecido, sem nada demais, me deixar tão mexida. Talvez eu precisasse mesmo de um namorado.

Como sempre, o almoço foi no mesmo restaurante, fomos atendidas pelo mesmo garçom, escolhemos a mesma mesa e sim, o mesmo prato e o mesmo vinho. Porque claro, eu tinha a desculpa das férias para me permitir sair da linha um diazinho só. Na hora de pagar a conta, abri a bolsa e dei de cara com um tanto de lixo acumulado nas últimas semanas de trabalho. Enquanto procurava minha carteira em meio àquela confusão de papéis, topei com um que dizia *"Leonor Crespo – Terapia de Vidas Passadas"*, com um telefone e um endereço que, constatei, não ficava muito longe.

A essa altura eu já havia esquecido o episódio da manhã e, não sei se pelo efeito do vinho ou pelo meu desespero em descobrir algo relacionado a esses estranhos sintomas, decidi que, ao sair do restaurante, seguiria para o tal lugar. Nem que fosse para olhar para a cara da tal Leonor e nunca mais voltar. Mas o pior foi que acabei contando para as meninas sobre o que estava prestes a fazer. Jordana, que é minha amiga há mais tempo e um tanto quanto cética, não conseguia parar de rir e fazer piadas.

– Sim, você vai descobrir que era uma ermitã, assim como hoje, só que em vez de usar essas roupas lindas, você usava uns trapos cafonas da Idade Média. Afinal, amiga, a não ser que você tenha sido da realeza, não espere ter usado vestidos lindos e joias maravilhosas.

Jordana mal havia terminado de falar quando olhei para Gabriela esperando algum tipo de apoio, uma palavra de consolo, qualquer coisa que não fosse sarcasmo. Ela desviou o olhar de Jordana para mim. Aquele olhar de alerta que eu já conhecia e sabia que vinha alguma coisa depois dele.

– Eu não sei, Ceci. Não sei mesmo. Mas, olha, se você decidir procurar essa tal Leonor, não acho que você deva ir assim, após ter tomado alguns copos de vinho. Sei lá, bebidas podem interferir nessas coisas.

Gabriela tinha razão, como sempre. De nós três, ela sempre foi a mais sensata, a que ponderava todas as decisões antes de tomá-las. Não me lembro de tê-la visto ser impulsiva nem uma vez. Nem em liquidações de shopping. Aliás, muito menos em liquidações de shopping.

Acordei na manhã seguinte com a sensação de que não poderia perder um minuto. A decisão, ainda que impulsiva, havia sido tomada e eu estava certa de que deveria procurar a ajuda da tal Leonor. Se aquele papel tinha caído nas minhas mãos justo naquele momento, deveria ter motivo.

Levantei da cama em um pulo animado, tomei banho e escolhi uma roupa confortável. Não queria nada muito caro, pois não sabia como essas sessões eram cobradas. Essa Leonor poderia achar que eu era rica e acabar tirando meus últimos centavos. Na dúvida, coloquei um par de jeans e uma camiseta branca. Mais básico impossível. Entre um par de sapatos de couro de salto alto e um par de tênis, escolhi o segundo, pois se tivesse que sair de lá correndo, as chances de cair seriam menores.

A sessão, que havia sido marcada na véspera, estava prevista para as dez horas. A ansiedade me consumia e eu acabei chegando um pouco antes, vinte minutos adiantada.

O prédio era bem parecido com o do meu trabalho: antigo e com elevadores de portas pantográficas. Os corredores não eram muito claros e tinham uma pintura que parecia não ser refeita há anos. As portas de todas as salas eram de madeira escura e tinham um olho mágico. Acima delas, os números de identificação lembravam os consultórios médicos que eu ia com minha mãe quando era uma garotinha. Sinal de que pouca coisa havia mudado por ali com o passar dos anos.

Na porta 815, além do número, havia uma placa com o mesmo nome do panfleto: *"Leonor Crespo – Terapia de Vidas Passadas"* e o aviso de "Toque a campainha abaixo". Fiquei imaginando que tipo de piada Jordana faria ao ver o aviso um tanto óbvio bem em cima da campainha.

Ainda nervosa, toquei a campainha e esperei ser atendida. Não demorou muito e a porta se abriu. Do outro lado do batente, uma jovem aparentando pouca idade, baixinha, com os cabelos lisos e bem vestida, sorria para mim.

– *Cecília? Muito prazer! Eu sou Leonor.*

Sorri de volta, sem graça e balancei a cabeça. Ela se afastou para me dar passagem e apontou para um sofá no centro de uma sala com poucos móveis. O ambiente era muito limpo, com um ar retrô e aconchegante. Os móveis antigos e escuros e a cortina fechada criavam o ambiente perfeito para que as pessoas se sentissem à vontade.

Já sentada no sofá, contei a Leonor o que tinha me levado até ali. Falei dos sintomas, falei dos médicos, dos exames e tudo o mais que achei relevante. Falei inclusive como tinha descoberto o consultório e das últimas esperanças que tinha de que aquilo realmente funcionasse.

Leonor me explicou que nessa primeira sessão não faríamos exatamente uma regressão, apenas os exercícios de relaxamento e visualização necessários para que a regressão fosse bem-sucedida.

Embora tivesse ficado um pouco frustrada em não fazer a regressão logo de cara, o simples fato de relaxar e meditar já me deixou um pouco mais leve, o que me fez chegar à casa convicta de que deveria voltar na próxima semana.

Apesar da minha ansiedade inicial, Leonor me convenceu de que eu precisava desse tempo de pausa entre uma sessão e outra para me restabelecer, mas que poderia continuar praticando o exercício de relaxamento sempre que me sentisse assim, ansiosa.

Durante mais duas semanas, os exercícios continuaram no relaxamento e na visualização, mas foram ficando mais complexos e exigindo cada vez mais da minha concentração. Na segunda sessão que tivemos, Leonor me disse que, dali em diante, seria interessante que eu não bebesse ou me alimentasse de modo displicente. Eu obedeci em parte. A primeira coisa era fácil, mas a segunda, nem tanto.

Na terceira semana, logo que me sentei no sofá do consultório, ela veio com uma surpresa.

– Sabe, Cecília, acho que você já está preparada. Podemos fazer uma tentativa hoje, mas não te garanto cem por cento que você descobrirá o que precisa.

– Tudo bem, eu estou pronta.

– Inclusive para não encontrar nenhuma resposta? Ou pior, para encontrá-las?

– Sim, Leonor. Eu sei que posso ter que lidar com muita coisa daqui em diante. – Parei um pouco, respirei e continuei. *– Mas começamos esse trabalho faz quase um mês e, desde então, tenho me sentido melhor a cada dia.*

Leonor assentiu com a cabeça e então me pediu para deitar no sofá, que era meio como um divã. Segui atentamente as instruções de limpar a mente e acompanhei o passo a passo que me levou a um estágio que não sei definir muito bem. Não posso dizer que estava dormindo, pois continuava ouvindo suas instruções, mas, ao mesmo tempo, era como se estivesse sonhando. As imagens se alternavam sob meus olhos e algumas eram apenas lugares que eu me lembrava de ter visitado, ou mesmo algumas memórias de infância e adolescência. Outras cenas pareciam não fazer o menor sentido. Se estivesse consciente, poderia dizer que estava sendo induzida pela terapeuta, mas, esse não era o caso. As imagens desconhecidas, mas ainda assim, familiares, começaram a tomar o lugar das lembranças e de repente, nada mais era conhecido.

O casebre estava em chamas. Um homem entrou derrubando a porta e atirou uma lança no carcereiro. Assim que a lança o atingiu, o carcereiro desabou, e a lança, como por magia, se desprendeu de seu corpo e voltou para as mãos do dono.

Atada à cama pelos pulsos e tornozelos, estava uma mulher, quase desfalecida. Assim que ele a alcançou, tive a sensação de já ter visto aquilo antes, mas não em um filme ou livro, apesar da situação clichê.

A mulher abriu os olhos lentamente e tentou inspirar. Mesmo como espectadora, senti meus pulmões se enchendo da densa fumaça. O homem se abaixou ao seu lado e começou a desamarrá-la. Senti de leve o roçar das cordas em meus pulsos e, em seguida, em meus tornozelos. Percebi então que, apesar de nenhuma semelhança física, aquela mulher era eu. Eu sentia seu medo, sua dor, e mais ainda, sua esperança ao vê-lo desatar suas amarras.

Ao terminar de desatá-la, ele a pegou no colo e saiu correndo da construção de madeira que ameaçava desabar. Em seguida, passou pela porta para atravessar um imenso jardim. O rastro de morte e destruição deixado por ele dava a entender que ela era importante para ele e para quem quer que a tivesse sequestrado.

O guerreiro começou a andar mais devagar, como se carregasse um bem precioso. Levou a mulher até seu cavalo e a acomodou com carinho. Enquanto ele a ajeitava, reparei em suas feições fortes e rústicas. Ele era grande, mas não muito alto. Era forte sem parecer musculoso. Vestia uma roupa de guerreiro, feita de couro e pedaços de metal protegendo as partes vitais do corpo, como o peito e as costas. Quando retirou o elmo que o protegia, vi que sua barba estava bem feita e delineava seu rosto ressaltando os olhos escuros. E foi quando eu o reconheci. Era o estranho que tinha me dado um oi na praia.

Assim que ajeitou a mulher em seu cavalo, ele o puxou pelas rédeas e, em vez de montá-lo para seguir adiante, foi guiando-o com calma, de modo que não balançasse demais e, presumi, incomodasse a mulher que ali estava. Caminharam por algumas horas, o céu escurecendo.

Quando apenas a lua cheia fornecia luz, o homem saiu da estrada de terra e seguiu floresta adentro. Pouco tempo depois, parou próximo a um lago, amarrou seu cavalo a uma árvore, retirou uma pequena garrafa do alforje e a encheu. Tirou de cima da montaria um amarrado de panos e o esticou com cuidado sobre a grama, onde deitou a mulher que carregava com tanto carinho.

Ao ver sua preocupação com ela, senti uma pontada de inveja. Se aquela, de alguma forma, era eu, deveria ser uma "eu" um pouco menos solitária. Ao menos pude ter certeza de que, em outra vida, alguém me teve em tão alta conta.

O homem sentou ao lado dela e a posicionou sobre seu colo, tentando, em vão, fazer com que bebesse um pouco de água. Não se dando por vencido, arriscou novamente. Após algumas investidas, ela acordou, bebeu um pouco de água e gemeu algo que imaginei que fosse seu nome:

– *Samhildânach*[13].

Novamente, ela adormeceu, agora em seus braços, e ele a abraçou com força. Após algum tempo, um barulho na floresta o despertou. Ele deitou a mulher novamente sobre o pano

13 Como era chamado o Deus Lugh. Significa "senhor de todas as artes".

que cobria o chão e puxou um pedaço para cima dela, como se a protegesse do frio e dos olhos dos que os perseguiam.

De repente, vários homens a cavalo cercaram o local. Com a surpresa e a raiva, sua face se iluminou em chamas de tal forma que cegou por um momento os guerreiros que o atacavam. Eles gritavam coisas desconexas e então um deles, caído ao chão, uma das mãos sobre os olhos e a outra levantada em direção ao seu grupo, dirigiu-se aos demais.

– *Parem! Não ataquem!* – E voltando-se para o homem à sua frente, suplicou enquanto se ajoelhava. – *Por favor, Deus Lugh*[14]*, nos perdoe.*

Naquele momento, a maioria dos homens fez o mesmo, se ajoelhando e demonstrando respeito àquele que só então reconheceram como Lugh. Perceberam que contra ele, nada poderiam fazer, se ele assim desejasse.

O deus deixou que sua face voltasse ao normal e ofereceu ajuda para que o líder do grupo se levantasse.

– *Vocês deveriam demonstrar algum respeito a este deus, assim como a este homem. Estou aqui para salvar a mulher que vocês fizeram refém. Ela nada tem a ver com a luta de vocês. Para o seu bem, deixem-na em paz.*

Um dos homens se recusou a ajoelhar e gritou do meio da multidão.

– *Mas ela é uma feiticeira! Ela envenenou vários homens de nossa aldeia e merece a morte.*

O deus Lugh, com toda a tolerância que cabe a um deus, os respondeu com calma, mas de modo firme.

– *Quem vocês pensam que são para discutir a vontade de um deus? Andem! Vão embora enquanto ainda lhes dou o benefício da fuga.*

Lugh foi surpreendido por um homem que surgiu do fundo do grupo com uma lança na mão e a atirou na mulher que estava deitada sobre a grama com o corpo parcialmente coberto. A lança atingiu o corpo da mulher tão rápido que o deus não conseguiu impedir. Ele correu para junto dela e constatou que a arma havia perfurado apenas a perna da feiticeira, mas o sangue não parava de escorrer.

14 Deus irlandês, chamado Lâhm-fhâda, “Mão Longa”; era um deus benéfico. A irradiação do seu semblante era tal que nenhum mortal podia olhar para o seu rosto. Era o senhor absoluto das artes, tanto das de paz como das de guerra.

– Se essa mulher morrer, toda a aldeia será castigada e vocês sentirão saudade de seus pequenos feitiços.

Ao terminar de falar, sem que precisasse se mexer, sua lança voou em direção ao homem que os havia atacado. Assim como antes, após a queda do corpo, a lança se desprendeu e voltou às mãos de seu dono. O grupo, assustado com a ameaça de Lugh, bateu em retirada e deixou ali apenas um homem morto, um cavalo, um deus e uma mulher ferida.

– Cécile, acorde! Por favor, acorde.

A mulher, urrando de dor, reuniu forças para responder lentamente ao seu salvador.

– Lugh... Eu não vou aguentar por muito tempo.

– Você precisa, Cécile! Precisa resistir. – O deus a abraçou a com força. *– Cécile, mesmo sendo um deus, não há como interferir na vontade de Dagda. Ele jamais me permitiria isso. Você precisa ser forte e aguentar.* – Sua voz falhou. *– E eu preciso achar um curandeiro.*

Cécile abriu os olhos apenas para encarar o homem que a segurava. Suspirou e, mais uma vez, precisou de toda a força que ainda restava para pronunciar umas poucas palavras.

– Você precisa me deixar partir.

– Não, Cécile. Isso nunca! Eu não vou te deixar partir.

– É inevitável. Você é um deus, e eu... Não sou. Mais cedo ou mais tarde... – Não conseguiu terminar a frase, pois Lugh a interrompeu.

– Pois deveria ser mais tarde. Se aqueles malditos não tivessem levado você, seria mais tarde. Bem mais tarde. Mas não importa. Não mais. Porque eu vou me vingar de cada um deles. Você vai ver. Não vai sobrar um vivo, Cécile.

– Esqueça isso, fique aqui. Prometa que ficará comigo até o fim.

– Prometo, Cécile. Nessa vida e em todas as outras vidas que tiver.

Dito isso, Lugh se abaixou e beijou seus lábios. Foi então que me dei conta de que Cécile parecia estar à espera daquela promessa para se entregar à morte. Sua cabeça pendeu para o lado. Seu corpo jazia nos braços de um deus.

O deus Lugh deixou as lágrimas se derramarem sobre o rosto de Cécile, mas por pouco tempo. Ele se levantou e ergueu o corpo dela, sem vida. Ainda quente, o enrolou no pano que cobria o chão. Com as próprias mãos, cavou a terra e o depositou lá dentro. Deu a ela uma sepultura no lugar onde tiveram seus últimos momentos juntos. Lugh parou ao lado do sepulcro improvisado, derramou mais algumas lágrimas e partiu, provavelmente para cumprir a promessa de dizimar seus inimigos.

Vê-lo partir, de alguma forma, me fez sofrer. Talvez mais do que com a morte de Cécile. De repente, comecei a sentir uma dor no peito e também na perna, exatamente no local onde a lança havia penetrado a perna de Cécile. A dor era tão forte que me senti sendo puxada, tragada por algo que não sabia o que era. Imagens começaram a se formar de novo em minha cabeça. Algumas daquela mesma noite, outras ainda desconhecidas e, principalmente, muitas imagens que não passavam de lembranças da minha vida atual. Naquele momento, eu estava sendo trazida de volta.

Ouvi ao longe uma contagem regressiva e quando por fim abri os olhos, sentia-me como se tivesse acordado de um sonho, daqueles que parecem reais a ponto do corpo ficar dolorido. Imediatamente levei a mão à perna e em seguida toquei meus pulsos. Sentei-me e pus as mãos sobre um dos tornozelos. Alisei, toquei e nada. Não sentia mais nada. Era como se precisasse ter passado por essa experiência para que tudo começasse a fazer sentido, embora agora fizesse menos ainda.

Olhei incrédula para Leonor e tive vontade de sair correndo. Embora viesse insistindo, ainda achava que as sessões não dariam em nada. Não esperava ter aquela experiência e muito menos conseguir respostas. O que eu não sabia era que as respostas que tive me deixariam com ainda mais perguntas.

"– Ficarei com você nessa vida e em todas as outras vidas que você tiver."

Eu tinha certeza de ter encontrado Lugh na praia naquele dia. Eu precisava saber se ele havia cumprido sua promessa em outras vidas. E lá no fundo, eu ainda esperava que ele a cumprisse nessa também.

Durante as semanas seguintes, continuei frequentando o

consultório de Leonor. A ideia inicial era retornar a outras vidas, entretanto, por mais que tentássemos, eu revia sempre a mesma cena. Apesar de alternamos entre sessões de regressão e de relaxamento, nada disso adiantou. Desistir não estava em meus planos, mesmo que os sintomas iniciais tivessem desaparecido completamente.

Naquela tarde, mais uma vez, saí um pouco frustrada do consultório. No caminho, parei em uma farmácia para comprar um analgésico e meus olhos se fixaram nos de um homem que sorria para mim. Antes que eu pudesse me dar conta de quem era, minha visão ficou turva e eu me senti caindo.

Acordei não sei quanto tempo depois em um quarto que não era o meu. Virei-me apenas para encontrá-lo deitado ao lado, me observando, enquanto apoiava a cabeça nas mãos. Ele abriu os braços, sorrindo, e eu me aproximei, encostando a cabeça em seu peito. Embora não estivesse em casa, nunca havia me sentido tão bem, tão próxima daquilo que chamam de lar.

– *Você está bem, Cécile?*

– *Agora sim.*

Meus dedos delinearam a curva de seus lábios e os limites que a barba traçava em seu rosto. Era tão familiar e ao mesmo tempo tão novo. Era como descobrir algo que havia ficado esquecido há muito tempo.

– *E mais uma vez, você cumpriu sua promessa, Lugh.*

Ele deu um sorriso que, embora eu já conhecesse, sempre me deixava com a sensação de primeira vez. Foi como se entortasse mais um canto da boca e, por isso, o olho do mesmo lado também se estreitasse mais.

– *Cécile, dessa vez, quem vai me prometer uma coisa é você.*

Tive medo do que ele poderia me pedir. Em todas as minhas vidas, quando eu estava prestes a morrer, ele me prometia que me esperaria novamente. Tentando não demonstrar nervosismo, respondi:

– *O que você quiser.*

Lugh me puxou para mais perto e encostou os lábios em meu ouvido.

– *Da próxima vez, tente me reconhecer mais rápido.*

As autoras

Roberta Spindler

Nasceu em Belém do Pará, em 1985. Graduada em publicidade, atualmente trabalha como editora de vídeos. Nerd confessa, adora quadrinhos, games e RPG. Escreve desde a adolescência e é apaixonada por literatura fantástica. Tem contos publicados em e-book e em diversas antologias, incluindo Super-Heróis e Solarpunk da Editora Draco. É co-autora do romance *Contos de Meigan – A Fúria dos Cártagos*.

Blog www.rspindler.tumblr.com
Twitter @robertaspindler

Kássia Monteiro

É jornalista e sagitariana, embora não acredite realmente que a posição dos astros no céu possa influenciar seu comportamento. Gosta de cachorros, música e doces, em especial chocolate e paçoca. Seu grande sonho é ser escritora em tempo integral, de preferência em uma casa espaçosa que tenha um belo laguinho no jardim. Já participou de algumas coletâneas e teve seu conto "Meu jeito de ser nervoso" transformado em um curta-metragem, mas quer mesmo é ver seus romances nas prateleiras.

Jaqueline de Marco

É o pseudônimo usado por Jaqueline Marcos, que nasceu no litoral de São Paulo, em 1985, local onde mora atualmente. Formada em Jornalismo, trabalha na área de Assessoria de Imprensa. Escreve textos originais e fanfictions desde 2002. Autora do romance "A dona do cabelo Laranja", já publicou diversos textos em antologias nacionais. Atualmente está escrevendo seu segundo romance, ainda sem nome definido.

Blog www.jaquelinedemarco.blogspot.com.br

Twitter @jaquedemarco

Mayra Bueno

Cresceu no interior de São Paulo, mas atualmente mora em Belo Horizonte. Cursa Artes Visuais com a intenção de trabalhar com publicações, pois é no que é apaixonada. Adora fantasia e ficção-científica. Seu maior interesse é estudar novas culturas e acredita que mitologia é uma das características principais para se conhecer um povo. Suas referências literárias são principalmente Machado de Assis e Ursula K. Le Guin.

Facebook www.facebook.com/mayra.d.bueno

Ana Lúcia Merege

É carioca, aquariana e, tal como a Camila do seu conto, adora viagens culturais. Nos intervalos, decifra manuscritos antigos na Biblioteca Nacional, lê, escreve e sonha acordada. É autora de artigos, contos e dos romances juvenis "O Caçador", Pão e Arte" e "O Castelo das Águias", primeiro livro de uma série de fantasia publicada pela Editora Draco.

Blog www.estantemagica.blogspot.com

Twitter @anamerege

Adrianna Alberti

Paulistana, descendente de italianos e de toda boa mistura que é ser brasileiro. Estudante de Psicologia na Universidade Federal de Mato Grosso do Sul, é escritora nas horas vagas. Várias poesias e alguns contos publicados em sites e antologias como "O Grimoire dos Vampiros" e "O Tratado Secreto de Magia".

Blog drialberti.wordpress.com

Twitter @tykkaa

Bárbara Morais

mora em Brasília, estuda Economia na UnB e vive com a cabeça em mundos fantasiosos criados por ela. Já teve outros contos publicados em coletâneas de seu colégio e ganhou o concurso de uma editora grande com o tema sobrenatural. É dona do blog "Nem Um Pouco Épico" sobre livros e cultura pop, adora ficções científicas, é fã incondicional de quadrinhos e seu maior sonho era ser viajante do tempo. Ela não conseguiu (ainda), então virou escritora.

Blog www.nemumpoucoepico.com

Twitter @mecutuca

Andréia Kennen

Graduada em Letras pela UNIDERP e pós-graduada em Educação a Distância pelo SENAC. Trabalha na área Contábil há dez anos. Sua paixão pela literatura despertou ainda nas séries iniciais do ensino fundamental, passou a conviver em dois mundos distintos: o real e o da imaginação. Até que um dia, o desejo de transportar esse mundo para "o papel" surgiu como "um hobby", compartilhado na internet. Incentivos dos leitores a levaram às minhas primeiras empreitadas, publicando neste livro e na coletânea "Brasil Fantástico – lendas de um país sobrenatural", também da Draco.

Lívia Martins

Nasceu em Cabo-Frio mas é apaixonada por Niterói, cidade em que cresceu e aprendeu a ler e escrever. Nerd assumida, sonha em se casar com alguém vestido de Darth Vader. É neurótica, ansiosa, impaciente, escreve mais do que fala (e olha que fala!). Viciada em livros de qualidade duvidosa, baunilha, coca-cola e Starbucks-whore. É fã do Bon Jovi e está escrevendo seu primeiro romance.

Blog www.leiturinhas.com

Twitter @vanillaprozac

Este livro foi impresso em papel pólen bold
na PSI7 em novembro de 2012.